Zeit zum Reden

AF209831

Harald Bischof

Zeit zum Reden

Bibliografische Information der Deutschen Nationalbibliothek
Die Deutsche Nationalbibliothek verzeichnet diese Publikation in der
Deutschen Nationalbibliografie; detaillierte bibliografische Daten sind
im Internet über http://dnb.d-nb.de abrufbar.

© 2008 Harald Bischof
Satz, Umschlaggestaltung, Herstellung und Verlag:
Books on Demand GmbH, Norderstedt
ISBN 978-3-8334-7607-5

Inhalt

Ein kleines Vorwort

Liebe Leserinnen und Leser,

dies ist nun das zweite Buch, das ich schreibe und ver-öffentliche. Mein erstes Buch »Von Mensch zu Mensch« werte ich für mich als Erfolg. Es war für mich ein Lebenstraum, einmal ein Buch zu schreiben, das dann auch noch gedruckt wird. Danke an alle, die es gekauft und gelesen haben.

Viele Leute stellten mir danach die Fragen: wie ich bin, welche Reaktionen es auf mein Buch gab, welche wundervolle Frau ich so sehr liebe und viele andere mehr. Mit diesem Buch möchte ich einige Antworten liefern.

Ich werde sicherlich keinen Literaturpreis gewinnen oder in die Bestenliste aufsteigen. Es ist mir aber wichtig, dies Buch zu schreiben. Es wird, wie ich denke, direkt und nachdenklich, aber auch lustig bis gefühlvoll und traurig. Es spiegelt alle Gefühle wider, die ein Mensch in seinem Leben haben kann.

Es geht um mich und mein Leben. »Oh, wie langweilig!«, werden jetzt viele Leute sagen. Das kann ich verstehen. Wer bin ich? Warum sollte sich jemand für mich und mein Leben interessieren? Ich denke aber, dass sich mancher in meinen Zeilen wieder findet.

An der Art, wie man ist und gesehen wird, ist jeder selbst schuld. Dies liegt daran, wie man sich gibt und dies von anderen Menschen aufgefasst wird. Ich weiß, dass ich durch mein Verhalten und meine Lebensart nicht unbedingt dazu beitrage, beliebt zu sein. Dies aber zu erkennen und einzusehen, ist sehr wichtig.

Oft falle ich in ein Verhalten aus meiner Kindheit zurück: erst reden – dann denken, was mir schon oft Ärger eingebracht hat. Manchmal ist es falsch, die Wahrheit zu sagen, da man sie zur falschen Zeit sagt. Dies erkennt man aber erst dann, wenn man vor den Scherben aus zerbrochenem Glas steht, die einmal ein Traum von uns waren. Die kann man nicht mehr zusammenkleben – und das alles nur, weil man ehrlich war, statt zu schweigen. Dies zeigt aber auch, wie schwer es ist, die richtigen Worte zur richtigen Zeit zu sagen. Man weiß nie, wie sie aufgefasst werden. Ich hoffe, dass ich in diesem Buch die richtigen Worte finden werde.

Als Jugendlicher wollte ich, wie wohl jeder Teenager die Welt verändern – bloß nicht so sein, wie die eigenen Eltern! Heute bin ich desillusioniert. Die Welt hat mich verändert. Ich wurde kalt und kälter. Ich ließ keinen mehr an mich heran und keine Gefühle mehr zu. Sehr lange war ich ein typischer Einzelgänger. Meine erste Ehe änderte dies ein wenig. In meiner zweiten Ehe war ich noch einen Schritt weiter nach vorn gegangen und offener geworden. Irgendwie habe ich aber immer vor Problemen die Augen verschlossen und damit sehr dazu beigetragen, dass beide Ehen scheiterten. Das muss ich mir selbst eingestehen. Das gebe ich ehrlich zu.

Und dann, im Jahre 2007 passierte es dann! Ich treffe und sehe erstmals in meinem Leben jene Frau, die mir sehr oft zeigt, wie viel ich noch fühlen kann. Dafür bin ich ihr sehr dankbar. Dies gilt auch für eine andere Frau, die in einer für mich schwierigen Phase uneigennützig für mich da war. Diese beiden Frauen vergesse ich nie. Ich werde symbolisch meinen Beitrag dazu leisten, dass sie die Zeit überdauern. Dies wird mein Dank an sie. Dazu im Verlauf des Buches mehr. Da werde ich jeder dieser Damen ein eigenes Kapitel widmen. Die Beiden haben mein Leben verändert und prägen es seither. Ich bin froh darüber, ihnen in meinem Leben begegnet zu sein.

Jedes Kapitel beschreibt Abschnitte aus meinem Leben. Fast jedes Kapitel trägt einen Songtitel als Überschrift. So wird gleich erkennbar, worum es im jeweiligen Kapitel geht. Ich denke über mich und mein Leben nach. Normalerweise müsste ich mit den beiden Kapiteln für jene beiden Frauen beginnen, da sie mir wichtig sind. Sie gaben mir auch die Idee zu diesem Buch, mein Leben zu betrachten. Ich beginne aber mit mir und meiner Kindheit. So ergibt sich eine chronologische Reihenfolge. Im letzten Kapitel schließt sich dann der Kreis; ein Kreis, der da hoffentlich nicht endet.

Das Leben eines jeden Menschen ist wie ein Film, für den das Schicksal das Drehbuch schreibt. Man ist mal Hauptdarsteller, mal nur Komparse. Regie führt das Leben mit allen Höhen und Tiefen, die man erleben kann. Mein Leben ist der Film »Crystal Heart«. Dieser Film beschreibt mein Leben treffender, als alle anderen. Auch über diesen Film schreibe ich etwas ausführlicher in einem separaten Kapitel.

Damit beende ich das Vorwort. Der »Film« kann beginnen. Die Kamera läuft – »Und Action!«.

1. ♫ »Das bin ich« (Rosenstolz)

Am 15. Januar 1965 wurde ich in Castrop- Rauxel bei Dortmund geboren. Das liegt im Ruhrgebiet in Nord- rhein- Westfalen. Ich war das dritte Kind meiner Eltern. Es waren alles Jungs! Immer, wenn einer von uns das Licht der Welt erblickte, hatten unsere Eltern auch schon erhebliche Probleme mit uns.

Peter war ihr erster Sohn. Er starb im Alter von drei Monaten an einem kleinen Loch im Herzen. Damals war die Medizin im Bereich Herzoperationen noch nicht so weit, um ihm helfen zu können. 1958 wurde dann mein Bruder Klaus geboren. Er lag lange im Krankenhaus und musste mit einer Sonde durch die Nase ernährt werden. Ich kann mir vorstellen, dass unsere Eltern bei dem An- blick sehr gelitten haben. Da leidet so ein kleines Wesen und du als Erwachsener kannst nichts dagegen tun.

Dann, 1965, kam ich auf die Welt: mit Neurodermitis und (erst Jahre später erkannt) Ichthyosis, »Herzlichen Glückwunsch!«. Kann ein Elternpaar alleine im Leben wirklich so viel Pech haben? Nun war ich halt auf der Welt. Mein Lebensmotto hieß: ständig Blödsinn ma- chen! Darin war ich »Spezialist«. Es begann schon im zarten Alter von ein paar Monaten, dass ich mich zu einer kleinen Nervensäge entwickelte. Beispiele dafür gefällig? Die folgen nun hier. Manche kenne ich nur aus Erzählungen. Da ich aber weiß, wie ich Jahre später war, glaube ich davon wirklich jedes Wort.

1) im ersten Lebensjahr: Jeden Sonntag war Kaffeetrin- ken bei meiner Tante Christel, der Schwester meines Va-

ters, angesagt. Schade nur, dass meine Eltern und mein Bruder das nie länger als 20 Minuten lang miterleben durften …! Wenn jemand mit einem Kaffeelöffel gegen die Kaffeetasse oder mit der Kuchengabel gegen einen Teller kam und es geklappert hat, habe ich los geschrien und war nicht mehr zu beruhigen. Da half es auch nicht, mich im Nebenzimmer zu »parken«. Ich habe es gehört und losgeplärrt! Also hieß es für meine Eltern: Mantel anziehen und mit Klaus und mir heimgehen. Ich hatte wieder einmal gesiegt. Wenn wir dann in die Straße einbogen, wo wir wohnten, habe ich gejuchzt, gelacht und gebrabbelt. Das ging wochenlang so.

2) mit ca. 2 ½ Jahren: Das war mein absoluter »Weltrekord«! Kennt ihr den Film »Schlaflos in Seattle«? Darin gibt es eine Szene, wo der Hauptdarsteller, ein allein erziehender Vater, dessen Frau gestorben war, ein Date hat und mit jener Frau Essen geht. Sein Sohn ruft im Lokal an, um das Date zu stören, da er die Frau nicht mag. Nach dem Anruf fragt dessen Vater seine Begleitung: »Haben sie eigentlich Kinder?« Sie verneint dies. Darauf sagt er: »Wollen sie meins haben?«.

So ähnlich dürften meine Eltern nach der nun folgenden Aktion von mir gedacht haben. Ich fuhr Fahrrad. Es kam, wie es kommen musste. Ich fiel so was von elegant auf die Schnauze, dass es dafür beim Eiskunstlauf Höchstnoten für die Drehung gegeben hätte. Ellenbogen und Knie waren aufgeschlagen. Mamas Allheilmittel: Nivea- Creme. »Das hilft bei Aua!«, sagte sie immer. Eine Stunde später spielte ich im Haus an den Steckdosen herum, in denen kein Stecker steckte. Meine Mutter sagte energisch: »Nein! Das macht Aua!«. Welch ein Fehler von ihr …! Ihr ahnt, was ich daraufhin gemacht habe? Ich habe sämtliche ungenutzten Steckdosen im Haus mit Nivea- Creme zugespachtelt – soll ja bei Aua helfen …! Meine Eltern waren begeistert, wie man sich denken kann. Hat übrigens schon einmal jemand versucht, Nivea- Creme wieder aus einer Steckdose zu entfernen? Da bist du aber beschäftigt, bei gut einem Dutzend Steckdosen, die ich »bearbeitet« hatte. Dumm gelaufen für meine Eltern …!

Wie war das in dem Film »Schlaflos in Seattle«? Mich zu verschenken oder zur Adoption freizugeben haben meine Eltern nach der Aktion von mir vielleicht mal in Erwägung gezogen – kleiner Gag! Ich habe sie aber mehrfach zur Verzweiflung gebracht.

3) mit knapp fünf Jahren: Ich laufe mit einem ca. zwei Meter langem Wollfaden vor der Haustür auf und ab. Meine Mutter schaute aus dem Fenster und beobachtete mich. Spätestens da hätten bei ihr alle Alarmglocken bimmeln müssen. Sie kannte mich schließlich lange genug! Zwei ältere Damen kamen vorbei. Sie fragten mich: »Was hast du denn da?«. Das war mein Stichwort. Genau auf diese Frage von Jemandem habe ich gewartet! Ich schaute auf den Wollfaden und sagte dann: »Oh, jetzt ist mein kleiner Hund weggelaufen!« und stellte mich ganz traurig. Die beiden Frauen suchten meinen nicht vorhandenen Hund. Ich habe mich gekringelt vor Lachen – und meine Mutter kochte vor Wut. Am Abend erhielt ich, nachdem mein Vater von der Arbeit heimgekommen war und meine Mutter ihm erzählt hatte, was ich angestellt hatte, von ihm eine Gardinenpredigt. Er stand mit hochrotem Kopf vor mir und redete auf mich

ein. Ich schaute meine Mutter an und fragte: »Platzt Papa gleich?«. Da mussten wir alle lachen. Keiner war mir mehr böse. Das Thema war erledigt.

4) mit acht bis neun Jahren: Da hatte ich in der Schule einen Stehplatz: vor der Tür oder im Klassenbuch. Da hätte sich für meine Eltern eine Monatskarte für den Bus rentiert, so oft wie sie zu meinem Klassenlehrer und Schuldirektor mussten. Die waren bestimmt schon per Du. Wenn sie heimkamen und ich in die Gesichter meiner Eltern schaute, wusste ich: Begeisterung sieht irgendwie anders aus …!

Dann änderte sich für mich alles.

Mit knapp zehn Jahren begann man mir meine Neurodermitis extrem anzusehen. Von Stund an gingen mir meine Mitschüler aus dem Weg. Sie mieden mich und lachten mich nur noch aus. Dies wurde noch schlimmer, als wir erstmals Schwimmunterricht hatten. Nach zehn Minuten im Wasser kratzte ich mir die Arme und Beine auf. Es juckte fürchterlich! Der Unterricht war für mich sofort beendet. Unser Lehrer ließ meine Mutter kommen, um mich abzuholen und zum Arzt zu bringen. Nach erfolgter Untersuchung schickte mich mein Hausarzt zum Gesundheitsamt. Dort stellte man dann bei mir, neben der bekannten Neurodermitis, die Ichthyosis fest. Ich durfte nie wieder schwimmen gehen. Waschen, baden, duschen geht nur mit Ölen oder Salzen. Und ganz wichtig: »Keine Impfungen!«, sagte mir der Leiter vom Gesundheitsamt. Er stellte darüber Atteste aus, die ich möglichst immer bei mir tragen soll.

Als ich am nächsten Tag davon in der Schule erzählte, weil mein Lehrer mich danach gefragt hatte, wurde ich noch mehr ausgegrenzt. Bei einwöchigen Klassenfahrten gab es endlose Diskussionen. Keiner wollte mich mit auf seinem Zimmer haben. Auch in der Schule hatte ich einen Einzelplatz, da niemand neben mir sitzen wollte.

Für Spannung habe ich später auf der Realschule immer im Chemie- und Physikunterricht gesorgt. Da konnte ich stundenlang zuhören, ohne ein Wort zu verstehen. Das ist bis heute so geblieben. Mit Drähten und Batterien sollte ich einmal in einem Versuch den Stromkreis erklären. Wenn ich einen Versuch vorführen sollte, war es für Mitschüler und Lehrer von großem Vorteil, an dem Tag zu fehlen oder die Lebensversicherung zu erhöhen. Bei mir ergab der angegebene Versuchsaufbau ein Bügeleisen, das toasten kann, 40 Watt Ausgangsleistung hatte und »Radio Ankara« empfangen konnte. Es funktionierte nichts. Das war immer so bei meinen Versuchen.

Ab meinem 15. Lebensjahr hatte ich dann die Phase: erst Reden – dann Denken! Ich habe gesagt, was ich dachte. Ich begann damit, mich zu wehren. Da erinnere ich mich besonders an zwei Situationen, die ich nicht vergessen werde.

Ein Mitschüler gab damit an, dass er eine Freundin hätte. Er sagte zu mir: »So, wie du mit deiner Haut aussiehst, wirst du nie eine Freundin haben. Und? Wie findest du meine?«. Gerhard hielt dabei Daniela im Arm. Es waren die beiden Personen ein Paar geworden, die mich ständig erniedrigten. Er war arrogant, wie immer, und sie an diesem Tag modisch »schick« gekleidet. Sie trug eine gelbe Bluse und dazu einen rot- grün karierten Rock. Die Karos waren so groß wie Badezimmerbodenkacheln. Von der Farbzusammenstellung her erinnerte ihre Kleidung eher an eine falsch sortierte Verkehrsampel. Gerhard hatte mir aber eine Frage gestellt: wie ich Daniela finde. Meine Antwort darauf war: »Habt ihr eine Wette verloren, dass ihr zusammen seid?«. Von da an hatte ich Ruhe vor den Beiden. Ab da behielt ich es bei, zu kontern.

Die zweite Situation ergab sich kurz vor meinem 21. Geburtstag. Es ging um eine Bekannte von mir, die, wie ich, verheiratet war. Ihr Mann war grenzenlos eifersüchtig. Eines Tages traf ich meine Bekannte zufällig in der Stadt. Sie hatte, mal wieder, ein blaues Auge. Sie sagte, es sei ihr Mann gewesen, weil sie mit einem Nachbarn geredet und gelacht hatte. Ich wusste, dass sie seit zwei Jahren verheiratet war. Ich sprach es an. Sie bestätigte dies und schwieg sofort. Da wusste ich noch nicht, warum sie nichts mehr sagte. Ich stellte ihr dann die Frage: »Und? Wie lange musst du mit dem Kerl noch aushalten?«. Meine Bekannte wurde schlagartig kreidebleich. Erst da bemerkte ich, dass ihr Mann und ihr Bruder hinter mir standen. Da war klar, warum meine Bekannte plötzlich schwieg. Mir wurde aber auch bewusst, was mir nun blühen würde. Ich habe in meinem Leben nie wieder, von zwei Leuten gleichzeitig, dermaßen Dresche bezogen, wie an dem Tag in den anschließenden gut zehn Minuten. Meine Bekannte trennte sich kurze Zeit später von ihrem Mann. Also hatte mein »dummer Spruch« eine positive Wirkung. Außerdem bekam ich vom Gericht 500 DM Schmerzensgeld zugesprochen. Von meiner Bekannten habe ich seither leider nie wieder etwas gehört. Ich hoffe, es geht ihr gut.

Wenn auch noch unbewusst, war dieser Tag mit der Auslöser dafür, »For You« zu gründen. Der Tag führte aber auch dazu, dass ich an der Menschlichkeit zweifelte. Ich glaubte nicht mehr an Menschlichkeit und daran, dass sich Jeder mit Jedem versteht. Ich wollte es aber nicht wahr haben, dass dieser Traum sich nicht erfüllt. Ich wollte dagegen ankämpfen und meinen Beitrag dazu leisten, dass dieser Traum nicht stirbt. Ich trage diesen Traum noch heute in mir. Ich möchte Dinge verändern und anderen Menschen helfen. Gut, dass ich da zwei Mitstreiter hatte.

2. ♫»Es gibt für mich kein fremdes Leid« (Ute Freudenberg)

Der »Club der Ausgegrenzten« traf sich wieder einmal, um über »Gott und die Welt« zu reden. Meine beiden Freunde wurden auch von anderen Menschen gemieden. Sie waren/ sind krank, wie ich. Gegen ihre Krankheiten sind meine aber belanglos, fast lächerlich. Jürgen hatte Blutkrebs. Er verstarb leider im Jahr 2003 im Alter von nur 37 Jahren. Roland ist seit seinem fünften Lebensjahr an blind.

Wir redeten an dem Abend auch über Menschen, denen es schlecht geht. Für diese wurde zu Spendenaktionen aufgerufen. Dies ist richtig, da diese Leute sich allein nicht helfen können. Bei Spenden für ferne Länder weiß man aber nicht genau, ob die Spenden auch wirklich dort ankommen und für die Leute verwendet werden, die sie benötigen. Da hatte Jürgen eine Idee. Man sollte Menschen im eigenen Land helfen, da es in Deutschland viele Menschen gäbe, die Hilfe nötig hätten. Es gibt kaum eine Lobby für Menschen in Not im eigenen Land.

Wir suchten nun nach einer Möglichkeit, Hilfe im eigenen Land anzubieten, wo wir sicher sein konnten, dass die Hilfe auch bei der Person ankommt, für die sie gedacht ist. Man sollte diesen Menschen die Spende direkt zukommen lassen. Ab da begannen wir ernsthaft darüber nachzudenken, eine eigene Hilfsorganisation zu gründen. Wir wollten etwas auf die Beine stellen – aber für wen?

Knapp 48 Stunden zuvor hatten mich der Mann und der Bruder von meiner Bekannten »zusammengefaltet«, was man mir noch ansah.

Wir drei Freunde waren krank, hatten aber unsere Ehefrauen. Jeder wurde von seiner Frau so geliebt, wie er ist – trotz der Krankheiten. Es gibt aber Frauen, die von ihren Männern geschlagen und/ oder misshandelt werden. Das war die Idee! Unsere Zielgruppe stand fest. Diesen Frauen wollten wir helfen. Wenn eine Frau sich der Gewalt durch ihren Partner durch Trennung entzieht, wir davon erfahren und wissen, was sie brauchen kann (Kleidung, Hausrat, Kindersachen etc.), dann packen wir Pakete und schicken ihr die Sachen zu. Für die Sachen legen wir zusammen oder versuchen, diese durch Spenden zu erhalten. Als Absender steht auf den Paketen nur »For You« (Für Dich), da wir keinen Dank erwarten. Wir waren glücklich darüber, trotz unserer Einschränkungen, eine liebevolle Partnerin gefunden zu haben. Wir müssen mit unseren Krankheiten leben – manche Frau mit ihrer Situation aber nicht. Sie kann sich trennen. Dann wollen wir da sein und eine kleine Starthilfe in ein besseres Leben geben.

An meinem 21. Geburtstag stand unsere Hilfsorganisation. Wir begannen zu handeln und aktiv zu werden. Die ersten Pakete wurden gepackt und verschickt. Im Begleitschreiben wünschten wir der Frau alles Gute für ihre Zukunft und bitten sie, die Spende anzunehmen. Sie muss keine Angst haben, durch die Annahme der Hilfe Verpflichtungen einzugehen oder Gegenleistungen bieten zu müssen.

Dies praktizieren wir seit Januar 2008 nun schon

seit 22 Jahren. Inzwischen sind viele freiwillige Helfer und Spender hinzugekommen, die uns unterstützen. So konnten wir schon einigen Frauen in Deutschland und Österreich ein wenig weiterhelfen und auch manch kleinen Wunsch erfüllen, wie zum Beispiel Treffen mit bekannten Gesangsstars, was nicht immer ganz einfach war. Es zeigt aber auch, dass man etwas erreichen kann, wenn man es will und ganz fest daran glaubt. Man darf nur nie zweifeln oder aufgeben.

Dies funktioniert aber nicht in allen Lebensbereichen. In der Liebe kannst du nichts wollen oder erzwingen. Da gehören Zwei dazu, die dasselbe fühlen und wollen. Da kannst du nur hoffen, dass die Person, der deine Liebe gilt, genauso fühlt wie du. Da lässt sich auch nichts mit Worten erreichen, wenn der/ die Andere nicht will. Da kannst du reden wie du willst. Zur Liebe komme ich im nun folgenden Kapitel. Da erkläre ich auch, wie eine Hilfsaktion von mir in meiner zweiten Ehe endete.

3. Harry und die Liebe

Liebe ist wunderbar! Verliebt zu sein, kann aber auch ein sehr verwirrendes Gefühl sein. Bis zum Jahre 2002 spielten in Sachen Liebe vier Frauen in meinem Leben eine Rolle. Mit zwei Frauen war ich verheiratet. Mit allen vier Frauen führte ich anfänglich eine Fernbeziehung. Bei zwei Damen blieb es auch dabei und scheiterte letztendlich auch an der Entfernung und an meinem damaligen Beruf, den ich von 1993 bis 1998 ausübte.

Alle vier Beziehungen waren etwas kurios. Warum, will ich nun erklären. Die beiden verrücktesten Verbindungen hielten am längsten und führten zu meinen beiden Ehen.

Angefangen hat alles mit Andrea aus der Nähe von Kassel. Als wir uns erstmals sahen, war sie 12 Jahre und ich 15 Jahre alt. Da hat noch keiner an Liebe gedacht und daran, dass wir mal acht Jahre lang miteinander verheiratet sein würden. Erstmals sahen wir uns auf der Verlobung von meinem Bruder im Hause seiner Verlobten. Seine Partnerin und Andrea sind Cousinen. Keiner glaubte da, dass Andrea und ich einmal heiraten würden. Vom ersten Sehen bis zur Scheidung vergingen 15 Jahre. Liebe wurde es Jahre später. Es war auf der Taufe von Tanja, der Tochter meines Bruders. Er hatte Andreas Cousine inzwischen geheiratet und ist es auch heute noch mit ihr. Das nenne ich Liebe und Treue.

Nach Abschluss ihrer Lehre zog Andrea zu mir. Vier Tage später heirateten wir. Bis zu ihrem Umzug zu mir haben wir uns pro Jahr maximal zwei- bis dreimal gesehen. Seit es Liebe wurde, hatte ich auf sie gewartet. Wenn ich liebe, dann bin ich treu. Eine andere Frau ist für mich nicht denkbar. So bin ich halt. Als wir dann 1987 heirateten, wurde es etwas kompliziert. Warum? Das ist ganz einfach: dadurch, dass Andrea die Cousine der inzwischen Ehefrau meines Bruders ist, ist meine Schwägerin eigentlich auch meine Cousine geworden und mein Bruder mein Cousin, da er ja der angeheiratete Cousin von meiner Frau Andrea war. Das hieß dann ja irgendwo auch, dass meine Schwiegereltern gleichzeitig auch Onkel und Tante von mir waren. Ich hatte ja, um 1000 Ecken verwandt, meine eigene Cousine geheiratet. Versuche das mal einem Außenstehen zu erklären. Das glaubt dir echt keiner.

1995 kam es dann zur Scheidung. Es gehören, so denke ich, immer beide Seiten dazu, die Fehler machen, die dazu führen, dass eine Beziehung scheitert. Daher werde ich hier keine einseitigen Schuldzuweisungen aussprechen. Ich habe ganz bestimmt auch meine Fehler gemacht. Bergab ging es 1993, als ich den Job wechselte und im Bestattungsgewerbe tätig wurde. Danach stumpfte ich gefühlsmäßig wieder ab, nachdem Andrea mich erst aus meiner Einsamkeit befreit hatte. Ich baute mir einen Schutzpanzer um mich herum auf, um den Job zu schaffen. Nun fragt sich eventuell mancher, warum ich überhaupt in diesen Berufszweig wechselte. Meine Krankheit war wieder schlimmer und für jeden sichtbar geworden. Um wieder eine Arbeit zu haben, sagte ich zu mir: »Suche dir einen Job, den keiner unbedingt freiwillig machen will!«. So kam ich zu diesem Job, in dem ich fünf Jahre lang tätig blieb. Wenn man ständig mit dem

Tod konfrontiert wird, bleiben Gefühle auf der Strecke. Zu einer echten Beziehung war ich, nach knapp einem Jahr Tätigkeit in diesem Gewerbe, nicht mehr wirklich fähig. Gemeinsame Zeit kannten Andrea und ich kaum noch. Wenn wir mal Essen oder ins Kino gehen wollten, wurde ich zu einem Sterbefall gerufen. Planen konnten wir nichts, weshalb wir mehr und mehr eigene Wege gingen. Die Scheidung war da eigentlich nur noch eine Frage der Zeit gewesen. Welche Frau macht diesen Zustand lange mit? Nach der Frau kannst du lange, aber ergebnislos, suchen.

Nun fragt sich aber mancher: Wieso kann man nichts planen? Man hat doch mal Frei oder Urlaub. Anderswo ja – aber nicht wirklich in diesem Gewerbe. Man weiß ja nie, wann man zu einem Einsatz gerufen wird. Das ist nicht planbar. Fünf Jahre lang kannte ich nur eine Kleidung: Anzug, Schuhe, Strümpfe, Krawatte in schwarz, Hemd in weiß. Ich durfte mich in der Zeit nur in einem festen Umkreis bewegen, wo Morde und Selbstmorde passieren können, die ich in maximal 30 Minuten erreichen kann: Wälder, Brücken, Bahngleise, Gewässer und ähnliches. Urlaub und Frei kannte ich nicht wirklich. Wenn ich Frei oder Urlaub hatte und kein Kollege erreichbar war, wurde ich angerufen. Man kann den Toten ja nicht liegen lassen. Dienstbereit waren wir 365 Tage im Jahr für 24 Stunden pro Tag. Das war der Preis dafür, Arbeit zu haben, die allerdings sehr gut bezahlt wurde. Das muss ich zugeben.

Nachdem Andrea sich von mir trennte, trat Martina in mein Leben ein. Sie war eine Freundin von Andrea und mir und kam aus Schleswig- Holstein. Die Beziehung zu ihr hielt knapp drei Monate lang. Sie scheiterte letztendlich an der Entfernung.

Martina hatte aber eine Freundin: Maike. Sie wohnte auch in Schleswig- Holstein. Durch Martina lernte ich Maike kennen, die meine dritte Partnerin wurde. Diese Beziehung hielt dann fast zwei Jahre lang. Wenn es ihre Zeit zuließ, besuchte mich Maike. Dann saß sie oftmals allein in meiner Wohnung, da ich beruflich unterwegs war. Dies führte dann auch zum Ende dieser Beziehung.

Danach beschloss ich, allein zu bleiben. Ich antwortete auf Inserate, in denen nach Brieffreundschaften gesucht wurde. Einige davon bestehen heute noch. Eine dieser Brieffreundinnen war Regina aus Wörmlitz im Jerichower Land, Sachsen- Anhalt. Da wurde es absolut kurios – und sie meine zweite Ehefrau. Vom ersten Sehen bis zur Verlobung mit ihr vergingen gerade einmal knapp 32 Stunden. Auslöser dafür war eine Couchgarnitur, die über Duisburg und Neubrandenburg bei ihr in Wörmlitz bei Magdeburg ankam. Es war eigentlich eine »For You«- Aktion nach einem Brief, den ich von ihr erhielt. Sie war eine alleinerziehende Mutter, die sich nach langer Zeit von ihrem Partner getrennt hatte. Sie schlief auf einer nicht ausklappbaren Couch, die nur noch reif für den Sperrmüll war. Diese hatte sie von Verwandten bekommen und angenommen, um überhaupt eine Schlafgelegenheit zu haben. Dies schrieb sie mir. Es berührte mich sehr. Da wurde ich sofort aktiv. Ich hatte erfahren, dass Bekannte von mir, die in Duisburg wohnten, sich eine neue Couchgarnitur gekauft hatten. Nach einem Anruf bei ihnen kam die Hilfsaktion ins Rollen. Die

Leute aus Duisburg waren eine Woche später zu Besuch bei ihren Freunden in Neubrandenburg. Sie nahmen die Couchgarnitur mit. Ihre Freunde sind selbständig und haben eine Firma für Brandschutz- und Sicherheitstechnik für Firmen und Privathaushalte. Kurze Zeit später hatten sie einen Termin in der Nähe von Regina und lieferten ihr bei der Gelegenheit die Couchgarnitur. Regina glaubte mir anfangs kein Wort, als ich ihr sagte, dass ihr eine Couchgarnitur geliefert wird. Wir telefonierten zu der Zeit schon mehrmals pro Woche miteinander. Als die Couchgarnitur dann wirklich bei ihr ankam, rief sie mich sofort an. Sie wollte mich nun endlich einmal persönlich treffen. Regina faszinierte mich durch ihre Art und holte mich aus meiner Kälte. Sie brachte mich zum Lachen. Da ahnte noch keiner, dass ich einmal zu ihr ziehen würde, sie meine zweite Ehefrau wird und wir fünf Jahre lang miteinander verheiratet sein würden. Bis zum Einzug bei ihr ging es bei mir sehr turbulent zu. Unser erstes Treffen verlief dann sehr kurios. Wir kannten uns da seit gut einem Jahr. Nachdem ich mein Versprechen gehalten hatte und die Couchgarnitur organisierte, lud sie mich ein. Vom 04.12. bis 06.12. wollte sie, dass ich sie ein Wochenende lang besuche. Am 04.12. gegen 16 Uhr kam ich bei ihr an. Wir verstanden uns sofort. Noch am selben Tag besuchte sie mit mir ihre Geschwister und ihre Eltern. Ich wurde gleich in die Familie eingeführt und von ihnen auch akzeptiert.

Am nächsten Tag beschlossen Regina und ich, es miteinander zu versuchen. So haben wir uns am 06.12. um 00:01 Uhr verlobt. Gegen Mittag desselben Tages fuhr ich dann heim. So schnell war ich noch nie fest gebunden. Von meinen Bekannten hat keiner geglaubt, dass diese Beziehung einmal sieben Jahre lang halten würde.

Dann kam es aber doch zur Scheidung. Regina heiratete 2007 wieder – erneut einen Brieffreund. Sie schrieb ihm bereits, als wir noch verheiratet waren. Dies war mir aber bekannt. Es geschah nicht heimlich. Ich wünsche ihr für ihre Beziehung alles Glück dieser Welt, da Regina mir während der Zeit mit ihr auch Glück und Liebe gebracht hat. Sie ließ mich aufleben, meinen Humor und meine Schlagfertigkeit wieder finden. Dies lag sicherlich auch daran, dass ich nicht mehr im Bestattungsgewerbe tätig war. Dazu beigetragen hat auch einer meiner letzten Fälle. Danach war ich froh, die Arbeit aufgeben zu können, obwohl ich dadurch wieder arbeitslos wurde.

Wenn man die Papiere bekommt, die man benötigt, um eine Verstorbene abzuholen und man dich mit den Worten: »Mein Beileid.« begrüßt, dann ahnst du nichts Gutes. Es sollte sich bestätigen. Die Frau, die ich abholen sollte, war meine eigene Mutter. Es dauerte einige Zeit, bis ich das realisiert hatte. Das könnt ihr mir glauben. Da zog mein Leben an mir vorbei: wie sie alles für mich getan hat, als ich ein Baby war – waschen, anziehen, füttern, trösten und vieles andere mehr. Da wird alles andere unbedeutend. Sie war immer für mich da. Da stand für mich eines fest: ich begleite sie auf ihrem letzten Weg – vom Einkleiden, Waschen, Einsargen, Überführung bis hin zur Trauerfeier, die ich ausrichtete. Dies Versprechen war mir eine Pflicht. Ich habe es gehalten. Sie hat mich auf die Welt gebracht. Nun verabschiedete ich sie von dieser Welt. Zur Trauerfeier kamen sehr viele Leute. Der Schützenverein, in dem sie Mitglied war, stand in Uniform gekleidet, mit Fahnen Spalier, als wir die Trauerhalle verließen.

In Erinnerung bleibt mir auch der Brief, den mir ihr Hautarzt schickte. Sie litt ja an denselben Hautkrankheiten, wie ich. Er schrieb mir die folgenden Zeilen:

»Zum Tode Ihrer Mutter darf ich Ihnen – auch im Namen aller Mitarbeiterinnen – mein herzliches Beileid aussprechen. Ich kannte sie als angenehme Zeitgenossin, und sie hat uns sehr oft überrascht, mit selbstverfassten Gedichten, die sie nicht nur zu unserer, sondern auch zur Freude der anderen Patienten vorgetragen hat. Ihren Tod bedaure ich zutiefst. Ich darf Ihnen abschließend zum Tode Ihrer Mutter mein tiefstes Mitgefühl übermitteln und bin der Hoffnung, dass Sie den schweren Verlust im Kreise der Familie und Angehörigen tragen können!

Dr. Friedrich W. Jütte, Hautarzt«

So beliebt war meine Mutter.

Aus diesem Tief holte mich damals Regina, die da meinte: »Zieh zu mir!«. Im Januar kündigte ich meine Wohnung. Da ich lange in dieser wohnte, musste ich bis zum 31.07. die Miete weiterzahlen Regina meinte aber: »Das schaffen wir schon irgendwie!«. Bis zum 10.01. hatte ich meinen Haushalt über ein Zeitungsinserat per Räumungsverkauf komplett aufgelöst. Ich hatte nur noch eine Waschmaschine, einen Herd und ein kleines TV- Gerät. Diese Sachen sollte ich zu Regina mitbringen. Dem Umzug stand, nachdem ich die Wohnung pflichtgemäß gereinigt und renoviert hatte, nichts mehr im Wege. Ich musste mich nur noch bei der Stadt und beim Arbeitsamt abmelden und von der VEW die Endabrechnung für meinen Stromverbrauch anfordern. Dann wäre alles erledigt. Das war aber ein Denkfehler von mir. Ich hatte ja im Treppenhaus noch so etwas hängen, auf dem mein Name klebte und das sich Briefkasten nannte …!

4. Das Arbeitsamt und Frau Bitter

Ich öffne gut gelaunt den Briefkasten und finde darin einen Brief vom Arbeitsamt. Nachdem ich ihn gelesen hatte, hatte sich das mit meiner guten Laune aber völlig erledigt. Vom 01.02. an sollte ich ein Jahr lang am Fortbildungsprogramm »Übungsfirma« teilnehmen. Diesen Brief hatte ich am 12.01. erhalten. Ich hatte also 19 Tage lang Zeit, das Arbeitsamt vom Gegenteil zu überzeugen. Ich fuhr sofort mit dem Bus dorthin. Den Weg hätte ich mir eigentlich sparen können. Es hieß nur, ich stünde im Leistungsbezug. Daher hätte ich an der Schulung auch teilzunehmen. Wenn die von nichts Ahnung haben: aber von Gesetzen! Mein Sachbearbeiter, Herr Schülken, er war etwa in meinem Alter, meinte nur, dass ich eh noch sechs Monate lang meine Miete weiterzahlen müsse. Durch die Fortbildung bekäme ich mehr Geld. Das würde die Situation für mich einfacher machen. Bis dahin hatte er ja eigentlich Recht. Dass meine Wohnung aber leer war, interessierte ihn aber gar nicht. Das sei halt mein Problem. Damit war für Herrn Schülken das Gespräch mit mir beendet. Er verabschiedete mich. Damit wollte ich mich aber nicht zufrieden geben und bat um ein Gespräch mit dem Amtsleiter, dass ich auch sofort führen konnte. Er bat mich in sein Büro. Ich trug ihm mein Anliegen vor. Er zeigte auch Verständnis für meine Situation, kam aber zum selben Ergebnis. »Sie werden die Fortbildung selbstverständlich besuchen. Dazu sind sie verpflichtet.«, sagte er nur und verabschiedete mich dann auch.

Dies Gespräch hatte mich auch nicht weitergebracht. Hatte ich wirklich geglaubt, etwas erreichen zu können? Man weiß doch, wie stur Beamte sein können, vor allem, wenn der Amtsschimmel wiehert. Wie heißt es aber? Die Hoffnung stirbt zuletzt. Meine war es in dem Moment. Ich hatte in diesem ungleichen Kampf in etwa so große Chancen auf Erfolg, wie ein Goldhamster gegen den Weltmeister im Sumo- Ringen: gar keine Chance!

Traurig kam ich an dem Tag nach den Gesprächen heim. An dem Tag zweifelte ich doch sehr an der Intelligenz von Behördenangestellten. Statt mich gehen zu lassen, musste ich die Schulung antreten. Da zahlen die nun die Schulungsgebühren und mir ein weiteres Jahr lang das höhere Unterhaltsgeld. Das hätten die doch einsparen können – oder sehe ich das falsch? Warum machen sie es nicht?

Dies wurde mir an meinem ersten Schultag klar. Meine Schulungsleitung der Privatschule war die Exfrau des Amtsleiters vom Arbeitsamt …! Wenn man nun böse denken würde, könnte man hier »Vetternwirtschaft« vermuten. So werden Gelder »verschoben« …! Ich falle als Arbeitsloser aus der Statistik heraus – und die Privatschule verdient Geld. Hatte ich schon erwähnt, dass ich glcichartige Kurse schon vier Mal bei zwei anderen Bildungsträgern besucht hatte? Da war ich aber nicht das einzige »Opfer«, das etliche Male eine ähnlich gelagerte Schulung absolvieren musste. Allein in meiner Schulungsgruppe gab es vier Frauen, denen es ging, wie mir. Sie mussten alle Schulungen sogar beim selben Bildungsträger durchlaufen. Das nenne ich erst »Glück«.

Ganz besonders »geärgert« habe ich mich an meinem

ersten Schultag über meine Freunde Markus und Tobias. Die schenkten mir zur Einschulung eine Zuckertüte, wie bei einem Erstklässler! Irgendwie habe ich da ernsthaft über meine Freundschaft zu ihnen nachgedacht – kleiner Gag! Wir sind heute noch bestens befreundet. Der Gipfel war aber, dass die beiden »Idioten« mit einem Schild mit der Aufschrift »Harry hat Einschulung!« an meinem ersten Tag vor der Privatschule standen. Ich hatte noch keine Sekunde Unterricht gehabt. Durch diese Aktion kannten mich nun aber schon fast alle Teilnehmer(innen) der Übungsfirma. Mein erster Gedanke: wer solche Freunde hat, braucht keine Feinde mehr (grrr …!)! Ich hätte die beiden sofort »zum Mond schießen« können …!

Ach ja, eines sollte ich noch auflösen. Was steckt man einem 33- jährigen Erstklässler in die Zuckertüte? Es waren ein Kuli und ein Block. So weit – so gut. Dann ging es aber los. In der Tüte waren noch eine Packung Streichhölzer (falls mir die Augen zufallen), eine Packung Papiertaschentücher (falls mir zum Heulen ist), ein 12- Teile- Puzzle aus einem Überraschungsei (falls mir langweilig ist) und ein paar Bonbons. Oben auf der Tüte trohnte ein Frosch aus Plüsch, der mit Schleifenband befestigt, einen Luftballon in der Pfote hielt. Auf dem Ballon stand geschrieben: »Sei kein Frosch – mach mit!«. Auf die Tüte haben die Beiden mir dann, als Highlight, noch zwei schön verpackte Kondome geklebt. Wenn man sie anhob, konnte man darunter diesen Text lesen: »Bitte gebrauchen, wenn eine Mitschülerin von dir auch Besseres zu tun hat, als dem Unterreicht zu folgen. Viel Spaß dabei!«. Das sind wahre Freunde …!

An dem Tag, als ich zu den Gesprächen beim Arbeitsamt war, kam ich, wie gesagt, traurig nach Hause. Im Treppenhaus traf ich mein Nachbarin, Frau Bitter. Sie wohnte eine Etage unter mir. Sie war eine geistig und körperlich rüstige Rentnerin, weit über 70 Jahre alt, geboren in Leipzig. Wir kannten uns vom Sehen, redeten auch miteinander, wenn wir uns begegneten. Als sie hörte, was mir passiert war, hatte sie dafür kein Verständnis. Sie war fassungslos, aber – von sich aus – nicht untätig. Sie kannte nun meine Lebenssituation. Keine zwei Stunden später versorgte sie mich mit dem Nötigsten: ein Teller, ein Glas, Messer, Gabel, Löffel, eine Tasse – ach es war so viel! Damit endete es aber nicht. Zwei Wochen später lieh sie mir ein Gästeklappbett, das sie von Verwandten organisiert hatte, die sie besuchten und es mitbrachten. Endlich nicht mehr auf dem Fußboden schlafen! Mein Rücken »bedankte« sich sehr dafür! In den Wintermonaten stand jeden Tag eine Thermoskanne voll Kaffee vor meiner Haustür, wenn ich aus der Schule heimkam – natürlich von Frau Bitter. Wir saßen in der Zeit oft zusammen in ihrer Wohnung und redeten miteinander.

Ende Juni hatte sie eine spontane Idee. »Du solltest die Presse einschalten!«, sagte sie zu mir, da ich zum 31.07. meine Wohnung gekündigt hatte. Damit hatte sie Recht. Die Schulung ging bis zum 31.01. des Folgejahres. Ich hätte keine Wohnung mehr gehabt. Dies wurde mir in dem Moment erst bewusst. Ich musste handeln! Gesagt, getan. Ich schickte einen Brief an den WDR, Abteilung Fernsehen. Nun wartete ich gespannt auf eine Antwort. Die traf auch kurze Zeit später bei mir ein. Es war eine

Absage. Man könne sich nicht mit meinem Problem beschäftigen, da in der »Aktuellen Stunde« zu häufig über Fehler von Arbeitsämtern berichtet wird. Man müsse auch über andere Themen berichten, die so gibt. Es war schon ein Rückschlag für mich. Mein Brief hatte also nichts gebracht. Da dachte ich aber falsch. Im Gegenteil!

Mit diesem Brief ging ich am nächsten Tag zu meiner Schulungsleitung, die sofort ihren Exmann (Ihr erinnert euch? Er ist der Amtsleiter vom Arbeitsamt.) anrief. Keine 20 Minuten später hatte ich am 29. und 30. Juli Umzugsurlaub und durfte die Schule sofort verlassen. Na also – geht doch …!

Meine Nachbarin, Frau Bitter, hatte mir geholfen, für meine Ziele zu kämpfen und nicht aufzugeben. Dafür danke ich ihr. Das habe ich mir zum Anlass genommen, für andere Leute immer wieder einmal kleine Überraschungen zu planen, um ihnen den Glauben an die Menschheit zurückzugeben, ohne zu fragen, was es kostet oder was ich dafür bekomme. Da bin ich so, wie Frau Bitter, die für mich da war, als ich sie wirklich brauchte. Sie tat es von sich aus. Wenn es einen Himmel gibt, dann hat sie es verdient, irgendwann einmal dort zu leben.

Wir haben alle nur ein Leben. Warum machen wir uns dies aber selbst oder gegenseitig unnötig schwer? Muss das wirklich sein? Mein Leben ist für andere Leute uninteressant. Es gibt dies Leben aber. Darum will ich es leben und erleben. Ich genieße es, da ich Menschen kennen lernen durfte, die es für mich lebenswert machten. Darüber bin ich wirklich sehr froh. Da denke ich mit ganzem Herzen besonders an die zwei Frauen, auf die ich nun zu sprechen komme. Jeder von ihnen widme ich dabei nun ein eigenes Kapitel.

5. ♫ »Je t'aime mon amour« (Richard Clayderman & Claudia Jung)

Verliebt ist, wenn man trotzdem weint.
Das kommt bestimmt vom glücklich sein.
Ich geb' mich ganz in Deine Hand.
Das Herz ist stärker, als Verstand.
Je t'aime mon amour!

Wie viele Stunden hat die Nacht,
wenn ein Gefühl mich hilflos macht?
Je t'aime mon amour!

Dies war für mich lange Zeit nur ein sehr schönes Liebeslied, dass ich sehr gerne hörte.

Unterschätzt aber niemals die Kraft eines Lächelns oder Lachens! Da weiß ich, wovon ich rede. Damit fing alles an. Das ist nun mehr als fünf Jahre her. Da fiel mein Blick erstmals bewusst auf eine Frau, die mit einer anderen Frau redete und lachte. Ich sah dies Lächeln und hörte sie lachen. Der Begriff »Liebe auf den ersten Blick« war mir bekannt. Spätestens da wusste ich, dass es diese Art Liebe wirklich gibt. Ich erlebe sie seither fast täglich. Das sind die Momente, wo dir heiß, schlecht und kalt zugleich ist, und du das alles klasse findest und du diese Gefühle nicht mehr missen magst. Du sehnst dich nach einem Augenblick, wo ihre Augen dich streicheln – vielleicht verbunden mit einem Lächeln von ihr.

Männer sind das »starke« Geschlecht und haben alles im »Griff«. Wer das glaubt, der glaubt auch, dass Aldi eine neue Automarke und die Freiwillige Feuerwehr eines Ortes die Nachfolgegruppe der Beatles ist – weit gefehlt!

Seither weiß ich, wie hilflos und schwach man sich fühlen kann, wenn man von ganzem Herzen liebt und sich täglich nach dieser Frau sehnt. Dies wurde mir klar, als ich diese Frau – den Inbegriff an Weiblichkeit – erstmals bewusst wahrnahm. Seither schäme ich mich nicht mehr – für keine schlaflose Nacht und für keine Träne. Ich weiß, für wen ich sie weine. Ich hatte das Glück, eine Frau zu treffen, die mich absolut verzauberte und faszinierte. Da war mir eines klar: ich danke ihren Eltern dafür, dass es ihre Tochter gibt. Die Welt wäre ärmer ohne diese Frau. Ich hätte nie geglaubt, dass mir ein einziger Mensch einmal so fehlen könnte, wenn ich ihn länger als 48 Stunden nicht sehe. Nun weiß ich, dass es dieses Gefühl gibt. Ich habe die Frau getroffen, die das Wort »Frau« für mich verkörpert. Dafür werde ich ihr etwas schenken, wie auch einer anderen Frau, die eine Bekannte von mir ist und für mich da war, als ich sie brauchte. Dazu komme ich aber im nächsten Kapitel. Bleiben wir hier aber zunächst bei dieser schönen Frau, der meine Liebe auf Ewig gilt.

Jeder Moment, jede Sekunde, wo ich sie sehen durfte, bleibt mir mit Datum und Uhrzeit in Erinnerung. Da kann mich jeder in der Nacht um zwei Uhr wecken und fragen. Die Antwort kommt sofort. Wunsch und Wirklichkeit klaffen aber manchmal sehr weit auseinander. Da bin ich sehr realistisch. Ich weiß, dass ich wohl nie der Mann sein darf, der das Leben an der Seite dieser wundervollen Frau verbringen darf. Sollte sie mir sagen: »Ich will nicht, dass du mich liebst!«, dann würde ich es tun, weil ich sie so sehr liebe! Herz und Gefühl von mir würden aber anders »denken« und ganz entschieden protestieren. Dies ist eine Wortspielerei, die mein Denken widerspiegeln soll. Für sie würde ich alles tun – aber nur das, was sie erlaubt. Ich hoffe, es ist verständlich, was ich damit sagen will.

Eines ist aber wahr und wörtlich zu nehmen, auch wenn man mich für verrückt hält: sollte sie irgendwann ihren Mann fürs Leben finden und glücklich sein, würde es mich für sie freuen – Hauptsache es geht ihr gut. Das ist mir wichtig. Klar täte es mir weh, nicht der Mann zu sein, der seinen Beitrag dazu leisten darf, dass sie sich wohl fühlt. Dafür aber stelle ich persönliche Interessen nach hinten. Eines bleibt aber auch dann: sie werde ich immer lieben! Ihr wäre ich immer treu. Das bin ich meinem Herzen schuldig.

Gefühle in Worte zu fassen, ist manchmal sehr schwer. Neben Büchern schreibe ich auch deutschsprachige Songtexte. Ich habe einmal für sie den Song »(Everything I do) I do it for you« von Bryan Adams mit einem deutschsprachigen Text versehen. Darin schildere ich, wie ich über diese Frau denke und fühle. Was immer bleiben wird, sind meine drei kleinen Wünsche, die ich habe und jener ganz große Traum, der in mir lebt, sich aber wohl nie erfüllen wird. Nein, nicht heiraten. Mein Lebenstraum ist dieser: »Bitte nimm mich nur einmal für einen Moment fest in deine Arme!«. Danach sehne ich mich wirklich sehr.

Liebe ist etwas Wunderschönes. Warum fällt es uns so schwer, diese drei Worte: »Ich liebe Dich!« gegenüber der Person auszusprechen, die man meint und der unsere Gefühle gelten? Liebe ist nichts Negatives. Jeder Mensch wünscht sich doch irgendwie, geliebt zu werden. Warum hat man Angst, diese bestimmten drei Worte auszusprechen oder sie von jemandem gesagt zu bekommen?

An dieser Stelle muss ich einmal etwas sagen. Es war für mich erstaunlich, wie viele Leserinnen und Leser meines ersten Buches wissen wollten, wie es weiterging. Sie nahmen Anteil an meinem Gefühlsleben. Den Namen werde ich weiterhin nicht preisgeben, aber: Ja, ich habe es meiner Angebeteten gesagt!

Wie kam es dazu? Es war während eines Gesprächs mit ihr. Es war ein ganz besonderer Anruf. Der Tag, an dem ich ihr meine Liebe gestand, wird mir ewig in Erinnerung bleiben. Lange habe ich überlegt, wie ich es ihr sage. Ich hatte keine richtige Idee. Ich hatte nur eine Hoffnung, dass sie nicht gleich vor Lachen umfällt. Ich war völlig illusionsfrei. Mit einem »Ja« von ihr hatte ich nie gerechnet. Wir hatten uns verabredet, am Abend miteinander zu telefonieren. Ich rief sie an, was mir nicht leicht fiel. Wie soll ich ihr sagen, dass ich sie schon seit so langer Zeit liebe? Sie nahm ab. Wir redeten anfänglich ganz normal miteinander. Das Gespräch ging dann in eine ganz bestimmte Richtung: mein erstes Buch und der Punkt »Stille Liebe« darin. Da habe ich sie gefragt, ob sie nicht ahne, wen ich meine. Dies verneinte sie. Daraufhin sagte ich: »Mit der Frau telefoniere ich gerade …!«. Ihre Antwort darauf waren drei, mir unvergessliche Worte: »Ist nicht wahr!«. Sie hatte wohl wirklich nicht geahnt, dass ich sie meine. Ich hatte es ausgesprochen! Allein, dass sie nicht gleich aufgelegt hat, war ein großer Erfolg für mich. Diese Frau gab mir nun die Gelegenheit, fast eine Stunde lang mit ihr zu reden. Sie hörte mich an. Mit ihrem »Nein« habe ich gerechnet. Es kommt aber immer darauf an, wie man es gesagt bekommt. Mit diesem »Nein« muss und kann ich leben. Ich bin froh, ihr meine Liebe gestanden zu haben und hoffe, dass ich sie noch sehr oft wiedersehe. Es bleibt aber auch immer die Angst in mir, dass ihr etwas passieren könnte, vor allem, wenn sie bis spät abends unterwegs ist. Heute, wo wir uns seltener sehen (mir zu selten), ist aber eines geblieben: wir reden und lachen auch weiterhin miteinander. Dies geschieht nun aber, obwohl sie weiß, wie ich für sie fühle. Sie hat ihr Verhalten mir gegenüber nicht verändert, was mich sehr freut. Es hätte auch ganz anders kommen können.

Es gibt keinen Schutzengel, der auf sie achtet, damit ihr nicht passiert. Darum möchte ich ihr symbolisch etwas schenken – woran ich derzeit arbeite – was auf sie aufpassen soll, wo immer sie auch ist. Danke, dass es dich gibt.

Selbiges Geschenk versuche ich auch für eine andere Frau zu erhalten, wie ich in diesem Kapitel schon einmal sagte. Sie hat etwas für mich getan, was mich verblüffte, aber auch sehr geholfen hat. Sie ahnt wohl nicht, wie sehr. Von sich aus nahm sie sich Zeit für mich. Sie war für mich da, als ich einen Punkt erreicht hatte, an dem ich nicht mehr weiter wusste. Das sind die Momente, wo du froh bist, dass jemand für dich da ist, wenn man ihn am Nötigsten braucht. Ich hatte mit ihr dies Glück. Wie es dazu kam, möchte ich nun erzählen.

6. ♫ »Ein Stern, der deinen Namen trägt« (DJ Ötzi & Nik P.)

Ein Stern, der deinen Namen trägt,
hoch am Himmel steht,
den schenk' ich dir heut' Nacht.

Männer sind wehleidiger als Frauen. Stimmt nicht? Stimmt doch! Eine einfache Erkältung haut uns aus den Latschen, als würden wir die letzte Ölung brauchen und der Termin für unsere Beerdigung steht schon fest. Ganz schlimm ist es, wenn wir Männer verliebt sind und nicht wissen, wie wir es jener Frau sagen sollen oder auf Ablehnung stoßen. Mann, können wir Männer dann leiden …!

So geht es mir seit einigen Jahren, was ich gern zugebe. Mal ist es ganz schlimm, mal etwas weniger. Beim Aufwachen fängt man langsam damit an, darüber nachzudenken, was man an dem Tag machen und erledigen will. Das ist bei mir sehr oft anders. Seit ich jene Frau, die ich liebe, erstmals sah, schlafe ich mit jenen Gedanken ein, mit denen ich aufwache: »Wie geht es ihr? Was macht sie jetzt? Schläft sie noch? Sehe ich sie heute?« usw. Irgendwie habe ich mir eine Traumwelt aufgebaut, in der sie in Gedanken immer bei mir ist. Dabei verliere ich aber nicht die Realität aus den Augen. Die kann hart sein. Die Realität zeigt mir nämlich, dass ich diese Frau nun viel seltener sehen werde. Zeitweise gibt es Phasen, wo ich sie bis zu zwei Wochen gar nicht sehe. Dies wurde mir an einem bestimmten Tag ganz plötzlich mehr als bewusst. In den folgenden Tagen habe ich so gut wie gar nicht geschlafen – maximal etwa drei Stunden pro Nacht. Genau so habe ich in der Zeit auf meine Mitmenschen gewirkt: müde, traurig, wortkarg und sehr nachdenklich. Ich wusste, warum.

Plötzlich steht jemand vor dir, der erkannt hat, dass es dir nicht gut geht und spricht dich darauf an. In meinem Fall war es eine Bekannte, die mir anbot, mit ihr zu reden. Sie sagte mir, ich solle sie an dem Tag anrufen. Sie hätte heute Zeit dafür. Das habe ich mit einem Nicken beantwortet und kaum reagiert. Diese Dame lebt in einer festen Beziehung.

Es kam an dem Tag aber alles ganz anders. Nach einem langen und anstrengenden Tag stand sie am Abend vor meiner Haustür. Du bist verliebt und eine andere Frau sagt zu dir: »Lass uns reden!«. An diesem Tag habe ich mein Innerstes nach Außen gekehrt. Ich sprach nicht nur über jene Frau, die ich liebe. Ich redete auch über meine Sorgen, Ängste und Probleme. Sie hörte mir sehr lange zu. Warum, weiß ich nicht. Ab und zu sagte sie etwas zu meinem Worten.

Versucht euch das einmal vorzustellen: ich rede stundenlang davon, wie sehr ich eine bestimmte Frau vermisse und jene Bekannte hört mir zu, obwohl sie nicht gemeint ist und ihr das aber so was von egal sein könnte, welche Probleme und Sorgen ich habe – war es ihr aber wohl nicht! In den folgenden Wochen haben wir noch mehrfach miteinander telefoniert.

Sie lebt, wie ich sagte, in einer festen Beziehung, nimmt sich aber Zeit für mich. So einen Menschen finde einmal. Das kannst du eigentlich vergessen. Ich habe diesen Menschen gefunden. Ihr Partner wird mich dafür nicht gerade mögen, dachte ich. Er reagierte aber sehr positiv. Zu ihm habe ich seither auch einen guten, fast freundschaftlichen Kontakt.

In einem Telefonat mit meiner Bekannten ging es auch um die Frage, was ich alles aus Liebe tun würde. Ich redete davon, wozu ich bereit wäre, was Reaktionen bei ihr hervorrief. Einiges, was ich sagte, verblüffte sie. Sie hätte nicht geglaubt, dass man dies aus Liebe tun könnte, um diese Frau sehen und weiterhin mit ihr reden zu können. Ein Punkt ließ sie aber sehr schnell ihre Worte wiederfinden. »Es zeigt ihr vielleicht, wie sehr du sie liebst. Aber, das kannst du nicht machen! Bist du verrückt? Dann geht es dir nicht besser, da du sie noch seltener siehst.«, waren in etwa ihre Worte gewesen. In den folgenden Minuten redete sie mir diese Idee gewaltig aus. Es hatte Erfolg. In einem Punkt aber gab sie mir absolut Recht. Über die Zeit, wo ich jene Frau lange nicht sehen werde, dachte sie wie ich. Sie meinte nur: »Das packst du nicht!«. Damit dürfte sie Recht behalten.

So war der November 2007 der turbulenteste Monat in jenem Jahr, in dem sich die Ereignisse bei mir überschlugen. Diesen beiden Frauen bin ich dafür aber sehr dankbar. Daher möchte ich ihnen etwas für die Ewigkeit schenken, was mich immer an sie erinnern soll: je ein Stern, der ihren Namen trägt – mit Eintrag in die Sternenkarte. Das sind sie mir wert. Danke, dass ich euch begegnen durfte. Ich habe spätestens da, als ich ihnen begegnete, meinen Umzug von Nordrhein- Westfalen nach Sachsen- Anhalt nie bereut. Die Sterne sollen eure

Glückssterne sein. Sie sollen alles Böse von euch fernhalten und euch Schutz bieten. Ich kann leider nicht dafür sorgen, aber ich denke immer an euch.

Einen ganz wichtigen Tag im November 2007 gab es noch für mich. Jemandem am Telefon zu sagen: »Ich liebe Dich!« ist die eine Sache. Sich danach aber erstmals gegenüberstehen und in die Augen sehen, mit der Gewissheit, dass sie weiß, wie ich für sie fühle, war dann nicht so einfach.

Damit möchte ich dies Kapitel nun abschließen und einen Übergang zum nächsten Kapitel schaffen. Es ist schön, Menschen und ihre Denkweise kennenzulernen. Dazu zählen auch Menschen, die mir ihre Meinung zu meinem ersten Buch mitteilten. Es gab da sowohl positive, als auch negative Kritik. Damit habe ich aber gerechnet. Wie negativ die Reaktionen aber teilweise ausfielen, hat mich selbst überrascht. Diese Reaktionen möchte ich hier nun einmal notieren. Es war richtig überraschend, was mir passierte.

7. ♫ »Hallo Freunde«
(Stefanie Werger)

Hallo Freunde,
ich bin noch immer nicht da, wo ihr mich haben wollt!
Es geht mir gut, Ja, ja,
ich lächle sogar.

Hallo Freunde,
ich weiß, ihr habt es ja so gut mit mir gemeint.
Was ist es dann,
dass euch zum Judas macht?

Einmal mehr die Hand gereicht,
tut ja keinem weh.
Ich könnte euch verzeihen,
auch, wenn ich Vieles nicht versteh.

Das mein erstes Buch sowohl positive, als auch negative Reaktionen hervorrief, war zu erwarten. Es war mir klar, dass man nicht in allen Punkten meiner Meinung sein kann und wird. Das habe ich erwartet – auch, dass die meisten negativen Reaktionen von Männern kamen, da diese sich vielleicht persönlich angegriffen fühlten. Auch damit habe ich gerechnet. Interessant waren aber die Reaktionen von Leuten aus dem Umfeld von mir und sogenannten Freunden und Bekannten, die recht einfallsreich »aktiv« wurden. Einige Leute fanden mein Buch anmaßend oder bezeichneten es als Müll. Das ist deren Meinung, die ich ihnen zugestehe und akzeptiere.

Einige kamen, um sich Geld von mir zu leihen. Ich weiß nicht, was die geglaubt haben, wie reich ich durch das Buch geworden bin.

Dann wurde es aber richtig interessant. Es gab einige Aktionen aus meinem Umfeld gegen meine Person, die diese Leute witzig fanden – ich nicht! Es waren Streiche, wie sie Kinder spielen. Normal ist schon, dass einige Männer mich mit den Worten: »Wir Männer müssen doch zusammenhalten!«, in meiner Denkweise ändern wollen. Damit bestätigen sie mich aber in meiner Meinung. Es zeigt mir, dass es richtig ist, was ich über bestimmte Männer geschrieben habe: sie versuchen, durch primitive Argumente ihr Verhalten zu rechtfertigen. Dies zeugt nicht gerade von Intelligenz, objektiver Meinungsbildung und Kritikfähigkeit.

Nach einer Woche, in der ich Ruhe hatte, dachte ich, den Leuten sind die Ideen ausgegangen. Da sollte ich mich aber gewaltig irren. Der »Rekord« war, dass einige Leute das Gerücht in die Welt setzten, ich sei schwul oder bi. Sonst könne ich nicht so positiv über Frauen denken und schreiben. Dies Gerücht kursiert im Umkreis von zwei Kilometern hartnäckig und ist nicht aus der Welt zu schaffen. Ich habe nichts gegen Leute, die schwul oder bi sind. Jeder hat das Recht so zu sein, wie er ist. Dies gilt auch für Menschen, die lesbisch sind. Deshalb sind es keine schlechteren Menschen. Mich erstaunt nur eines: irgendwer behauptet etwas, und alle glauben es. Sind wir Menschen wirklich so leichtgläubig? Es muss wohl so sein.

Da ich aber nicht auf den Mund gefallen bin, habe ich gleich gekontert. Nachdem ich wusste, wer das Gerücht gestreut hatte, habe ich das Gespräch mit diesen beiden Männern gesucht. Ich wollte sie nicht zur Rede stellen. Nein, ich hatte eine bessere Idee. Ich wollte sie mit ihren eigenen Waffen schlagen. Ich ging zum Schein auf das Gerücht ein. Dadurch glaubten nun andere, dass die Beiden schwul sind. Woher sollten sie sonst wissen, dass ich es angeblich bin? Genau das wollte ich erreichen: sie selbst ins Gerede bringen. Das ist mir gelungen. Einer der Beiden zog kurze Zeit später weg, der Andere wechselt die Straßenseite, wenn er mich sieht. Beide haben mich nie wieder angesprochen.

Mancher mag mich fragen: »Warum ziehst du nicht um?«. Nein! Damit würde ich diesen Leuten Recht geben. Das werde ich nicht tun. Von diesen Leuten lasse ich mir nicht vorschreiben, wo ich lebe und wie ich denken soll! Da wird sich meine Einstellung nie ändern. Ich stehe zu mir und dem, was ich geschrieben habe. Dies wird auch immer so bleiben. Bestärkt werde ich darin durch sehr viele positive Kritiken – auch von Männern, was mich überraschte.

Es gab aber auch negative Meinungen von Frauen, was ich nicht verschweigen will. Sie meinten, dass es auch Gewalt von Frauen gegenüber Männern geben würde, was ich im Buch nicht anspräche. Dies will ich nicht dementieren. Die Anzahl der Fälle ist aber relativ gering. Ich habe dies Thema nicht angesprochen. Das ist richtig. Dadurch hätte ich allen Männern, die gewalttätig sind, ein Forum geboten, ihr Verhalten zu rechtfertigen. Das wollte ich ganz bewusst vermeiden.

Bleiben wir bei dem Stichwort Gewalt. Da gab es nach Erscheinen meines ersten Buches zwei Situationen, die hätten eskalieren können. Es blieb jedoch bei verbalen Angriffen gegen meine Person. Die harmlosere Situation war bei mir vor der Haustür, als ein angetrunkener Mann, der bei uns in der Straße wohnt, mich am Kragen hatte und darüber erbost war, dass seine Frau nun anders über ihn denken würde und selbstbewusster geworden sei. Daran wäre ich Schuld. Das werte ich als Erfolg für mich. Ich hatte erreicht, dass eine Frau erkannt hat, dass sie so, wie sie lebte, nicht leben und sich nichts gefallen lassen muss. Genau das wollte ich erreichen: einfach nur Selbstbewusstsein stärken.

Für die zweite Situation muss ich etwas vorausschicken. Ich arbeite in einem Call- Center. Da haben wir manchmal bis um 24 Uhr Dienst. Weil es mir der Anstand gebietet, begleite ich die Kollegin, mit der ich bis Dienstende Dienst habe, zum Auto oder warte, bis ihr Bus oder ihre Straßenbahn fährt. Da spielt es für mich keine Rolle, wer es ist und ob ich dadurch eine Stunde später zu Hause bin. Dafür passiert zu viel. Allein schon da zu sein, kann abschrecken. Kein Angreifer will Zeugen, die ihn sehen. Klar, man muss auch Kompromisse eingehen, um keine falschen Gedanken aufkommen zu lassen, wie bei jener Frau, die mich besuchte und mir zuhörte. Als sie ging, war es schon dunkel. Ich sagte ihr, dass ich noch Einkaufen gehen wolle und begleitete sie den halben Weg heim. Danach ging ich weiter, wartete einen Moment und ging dann heim. Ich hätte sie gern bis zu ihrer Haustür begleitet, wollte aber den vielleicht dann aufkommenden Gedanken bei ihr verhindern, dass ich noch mit in ihre Wohnung kommen möchte. Daher sah ich davon in dieser Situation ab.

An jenem Abend, auf den ich zu sprechen kommen möchte, begleitete ich eine Kollegin zum Bahnhof, da sie mit dem Zug heimfahren muss. In der Unterführung zum Bahnhof steht ein Mann vor mir. Von der Größe und Statur her, war er mir klar überlegen. Vom Gesicht her kenne ich ihn, seit ich hier in Magdeburg wohne. Wie er von meinem Buch erfuhr und wusste, worüber ich darin schreibe, weiß ich nicht, auch nicht, woher er wusste, dass ich der Autor des Buches bin. Er baute sich vor mir auf und sagte lediglich zu mir: »Sei froh, Schreiberling, dass du Deutscher bist!«. Diese Worte werde ich so schnell nicht vergessen. Nachdem er mir dies gesagt hatte, ging er einfach weiter. Mein Glück war, dass er allein unterwegs gewesen ist. Wären es zwei oder mehrere Leute gewesen, hätte die Gruppendynamik vielleicht zu einer größeren Eskalation geführt, die ich nicht hätte verhindern können.

Seither habe ich ihn noch zwei Mal gesehen. Er hat mich aber nicht mehr angesprochen. Das Thema scheint für ihn ausdiskutiert zu sein. Blicke sagen aber manchmal mehr als Worte. Wir beide werden in diesem Leben bestimmt keine Freunde mehr. Da bin ich mir so ziemlich sicher …!

So habe ich mit meinem Buch etwas erreicht: es gibt Reaktionen. Es liegt nicht in der Ecke herum und bleibt ungelesen. Man(n) setzt sich damit auseinander. Genau das war mein Hauptanliegen. Ich wollte, dass sich auch Männer Gedanken darüber machen, wie sie sich gegenüber Frauen verhalten. Dies habe ich geschafft. Mit diesem guten Gefühl lebe ich weiter.

8. ♫ »Danke an das Leben« (Peter Maffay)

Jeder Mensch lebt sein Leben, so gut wie es geht und versucht, das Beste daraus zu machen. Es gibt sicher kein Leben, in dem alles positiv verläuft. Wichtig ist zu erkennen, dass wir viele Geschehnisse durch unser Verhalten und unsere Gebensweise, ganz oder teilweise, selbst herbeiführen. Wir beeinflussen unser Leben, positiv, wie negativ, sehr oft selbst, geben dies dann aber nur ungern zu. Gerade bei den negativen Ereignissen suchen wir die Schuld gern bei anderen Personen. Man ist nicht gewillt, die Verantwortung für sein Handeln zu übernehmen und belügt sich dadurch selbst. Zeitweise verfällt man in Depressionen und Selbstmitleid. Man beklagt seine Situation, obwohl man sich selbst in diese gebracht hat.

Man hat vielleicht jemandem weh getan, obwohl man ihn oder sie mag. Statt zu jener Person zu gehen und zu sagen: »Tut mir leid. Es war ein Fehler.«, trauern wir diesen Freundschaften nach, obwohl jene Person nur auf ein Wort von uns wartet, um diese Freundschaft wieder aufleben zu lassen und fortzusetzen. Warum soll diese Person aber auf uns zugehen und das Gespräch suchen, wo wir den Fehler gemacht haben? Das sind die Situationen, wo beide Seiten darauf warten, dass der Andere den ersten Schritt macht. Diesen vergebenen Chancen trauern wir irgendwann einmal hinterher. Wir verschenken diese Chancen manchmal leichtfertig und leiden dann darunter.

Ich kann mich bei meinen Eltern für mein Leben nur bedanken. Danke dafür, dass es mich gibt. Ich hatte bisher ein schönes Leben – mit Höhen und Tiefen, mit Lachen und Weinen. Schöne Momente wechselten sich mit negativen Dingen ab. Ich habe manches erreicht, manches aber auch versäumt, da ich es einfach nicht versucht habe. Ich habe viele Fehler gemacht, aus denen ich lernte. Manches habe ich richtig gemacht. Ich habe gelebt und geliebt – letzteres derzeit, wie nie zuvor. Ich habe am Leben aktiv teilgenommen.

Wegen meiner Krankheiten haben mich viele Leute mit Worten verletzt, gekränkt und erniedrigt. Sie lachten mich aus. Das tat sehr weh. Ich war aber nicht besser. Zu der Einsicht bin ich gekommen. Auch ich habe andere Menschen mit Worten gekränkt und ihnen wehgetan. »Ich war manchmal egoistisch und überheblich. Ich war jung und naiv!«, lasse ich da als Ausrede für mich nicht gelten, nachdem ich mein Verhalten überdacht habe. Einmal mehr überlegt, hätte die Worte verhindert, die uns von einem Menschen entfernt haben, der uns eigentlich wichtig war. Es lässt sich aber nicht mehr ändern. Ist dies aber wirklich so? Stehen wir uns, bezüglich eines klärenden Wortes, nicht manchmal selbst im Wege? Das muss jeder, der in einer derartigen Situation ist, für sich selbst entscheiden. Ich habe es getan. Es brachte mir Freundschaften zurück, die ich lange Zeit verloren geglaubt hatte.

Ich habe einigen Menschen helfen können. Andere Menschen halfen mir, wie Frau Bitter. Dies war für sie selbstverständlich. Das vergesse ich nicht. Erst vor gut zwei Jahren (2005), ab dem 01.09., als ich von Ziepel nach Magdeburg zog, als meine zweite Frau die Scheidung einreichte, habe ich ein hohes Maß an spontaner Hilfsbereitschaft durch meine Arbeitskolleginnen persönlich erfahren dürfen. Ich stand vor einem totalen Neuanfang. Außer ein paar Möbeln und meiner Kleidung hatte ich nichts. Binnen zweier Wochen hatte ich wieder einen kompletten Hausrat zusammen, dank meiner Kolleginnen des Call- Centers, wo ich arbeite. Ich bekam von ihnen so vieles: vom Wohnzimmertisch, Zweiplattenkocher, über Töpfe, Bettwäsche, Besteck und anderes – ich betone: geschenkt! Diese Frauen hätten es nicht tun müssen. Sie machten es aber. Dafür danke ich ihnen. Durch »For You« konnte ich einigen Frauen helfen. Hier waren es nun Frauen, die mir halfen und für mich mein persönliches »For You« wurden. Das werde ich nicht vergessen. Sie waren für mich da, als ich Hilfe brauchte. Ich hoffe, ich kann es einmal zurückgeben. Im kleinen Maße mache ich es hier, indem ich mich bei euch allen noch einmal ganz herzlich bedanke, auch für die Zeitungsinserate, durch die ich meine Wohnung hier fand. Vielen Dank dafür an (Doppelnennungen gibt es, da einige Damen denselben Vornamen haben): Doreen, Karin, Sabrina, Susanne, Doreen, Karin, Sieglinde, Michaela, Nicol, Astrid und Cindy (war menschlich für mich da), wie auch jene Dame, die mir zuhörte. Ich wünsche jedem solche Menschen, die dann da sind, wenn man sie nötig braucht. Ich hatte das Glück, dass es diese Menschen genau in dem Moment für mich gab. Da glaubst du wieder daran, dass Hilfsbereitschaft und Menschlichkeit auch heute noch für einige Menschen keine Fremdwörter sind. Ich glaube es nicht nur. Ich weiß es. Ich habe es selbst erfahren dürfen.

An dieser Stelle muss ich ein Statement abgeben, zu dem ich stehe, da ich diese Erfahrung in meinem Leben mehrfach gemacht habe. Es gab Freunde, die mir halfen, als ich sie brauchte. Es ist wichtig, Freundschaften zu haben. Als ich noch im »Westen« lebte, waren es Leute aus dem »Osten«, die (zum Teil) im »Westen« lebten, die mir halfen – nicht meine Freunde! Das muss ich hier einmal sagen. Es war meine Frau Bitter aus Leipzig. Damit begann es. Anke (eine Mitschülerin) und Helga (eine Dozentin) von der Privatschule, wo ich war, halfen mir durch Gespräche. Sie kamen beide aus Halle/ Saale. Regina, meine zweite Frau aus Wörmlitz bei Magdeburg, bekam die Couchgarnitur über Neubrandenburg. Regina war es, die sagte, ich soll zu ihr ziehen. So kam ich nach Sachsen- Anhalt. Hier halfen mir meine Kolleginnen, wieder einen »Lebensraum« aufzubauen. Hier fand ich wieder Arbeit, nachdem mir im »Westen« vom Arbeitsamt nur Schulungen angeboten wurden. Trotz meiner Krankheit, weshalb ich in Nordrhein- Westfalen im Lebensmitteleinzelhandel nicht mehr beschäftigt wurde, stellte mich ein Lebensmitteldiscounter hier für Möckern und Loburg ein. Kein Kunde, keine Kundin nahm Anstoß an meiner Hautkrankheit, obwohl ich an der Kasse saß. Dies ist ein weiterer Grund dafür, weshalb ich meinen Umzug nach Sachsen- Anhalt nie bereut habe. Hier traf ich wieder einen Menschen, der zuhörte, als ich ihn brauchte und jene Frau, die ich so sehr liebe. In der Presse heißt es aber: »Der Osten jammert!«. Dies habe ich zu keinem Zeitpunkt erlebt – ganz im Gegenteil! Ich erfuhr Hilfsbereitschaft, ohne dass eine Gegenleistung dafür verlangt wurde.

Paradox finde ich, dass man nach fast 20 Jahren Wiedervereinigung noch von »Ost« und »West«, von »alten« und »neuen« Bundesländern spricht. So können wir kein einheitliches Deutschland werden. Das einzige, wo Ost und West gleich sind, ist bei den Gehältern für unsere Politiker. Das einfache Volk wird da betrogen – von wegen Einigkeit. »Gut« ist nur, dass unsere Politiker nicht nach Leistung bezahlt werden. Dann dürften viele Abgeordnete nicht mal Hartz IV bekommen! Mit der Meinung stehe ich vielleicht nicht alleine da.

Nun aber zurück zum Thema. Ich danke für die Tiefpunkte in meinem Leben. Durch diese lernte ich Menschen kennen, die mir halfen. Diese Tiefpunkte waren lehrreich für mich. Sie zeigten mir, wie dankbar ich für die Zeit sein sollte, in der es mir gut geht. Die ist nicht selbstverständlich. Es gibt immer Menschen, denen es noch schlechter geht, als uns. Wenn wir dies erkennen, ist die Welt schön, wie sie ist – mit allen Sorgen und Problemen. Es sollte normal sein, anderen Leuten zu helfen, da es kein fremdes Leid geben sollte. Auch wir können einmal in eine Situation geraten, wo wir Hilfe benötigen. Mit welchem Recht erhoffen wir diese, wenn wir selbst nicht dazu bereit sind, anderen zu helfen? Diese Frage sollten wir uns alle einmal stellen!

Ich wurde im Januar 2008 nun 43 Jahre alt. In den letzten Wochen und Monaten habe ich mein Leben und Handeln hinterfragt. »Midlife Crisis«? Mag sein. Das Ergebnis war aber sehr ernüchternd. Viel habe ich nicht erreicht. Ich hatte viel vor, mich dann aber nicht getraut, es zu tun. Warum? Angst vor der eigenen Courage? Angst davor, dass unser Vorhaben sich nicht umsetzen lässt? Warum versucht man es aber nicht einfach? Nur so erfährt man, ob es doch geklappt hätte, was man vorhatte. Diesen vergebenen Chancen trauern wir nach. Sie sind verloren. Da kann uns dann keiner mehr helfen.

Seit ich mir Gedanken über mich und mein Leben gemacht habe, hat sich meine Einstellung geändert. Ich bereue nur noch das, was ich nicht gemacht habe. Es könnte ja funktionieren. Außerdem möchte ich nie meinen Humor verlieren – egal, in welcher Situation. Dabei muss man aber die Realität im Auge behalten. Wie ich das meine? Das möchte ich am Beispiel meiner zweiten Scheidung erklären.

Da schicke ich voraus, dass wir erwachsene Menschen sind und offen über menschliches Verhalten reden können. Es war im Juni 2005 gewesen. Ich verbrachte mit meiner Frau eine wundervolle, romantische gemeinsame Nacht. Dass es die letzte sein sollte, ahnte ich zu diesem Zeitpunkt noch nicht. Einige Tage später bekam ich Post von ihrem Anwalt. Regina hatte die Scheidung eingereicht. Der Brief lag, zusammen mit einem Brief von ihr, auf dem Küchentisch. Ich fand ihn, als ich von der Arbeit heimkam. Regina war da schon zur Arbeit gefahren. In ihrem Brief schrieb sie, dass sie nach Heimkehr gern mit mir reden wolle. Ich hatte knapp elf Stunden Zeit, mich auf dies Gespräch vorzubereiten. Andere wären jetzt wütend oder traurig. Sie würden im bevorstehenden Gespräch toben oder betteln, es noch einmal miteinander zu versuchen. Ich bin da anders. Wenn etwas feststeht, versuche ich, mich mit der neuen Situation abzufinden und diese umzusetzen. Binnen der nächsten Stunden erstellte ich Listen, wo ich mich überall um- und abmelden muss, organisierte Kartons und begann damit, meine persönlichen Sachen einzupacken. Danach wartete ich auf Regina.

Ich hatte mir vorgenommen, ruhig und humorvoll zu bleiben. Das kann eine derart schwierige Situation entspannen. Als meine Frau heimkam, war sie auch sehr nervös. Sie rechnete wohl damit, dass ich sie bitte und anflehe, bei mir zu bleiben. Ich ließ ihr nach Heimkehr zunächst Zeit, zur Ruhe zu kommen. Als sie das Thema Scheidung ansprach (letzte gemeinsame Nacht: 21.06., Scheidungsantrag: 28.06.) sagte ich nur: »War ich letzte Woche wirklich so schlecht gewesen?«. Das entspannte die Situation dann doch sehr. Der Spruch machte das weitere Gespräch zwischen uns einfacher. In dieser Nacht haben wir mehr miteinander geredet, als in den Wochen zuvor. Warum macht man es aber erst dann, wenn man erkannt hat, dass es zu spät ist? Ungesagte Worte bringen uns nicht weiter.

Dies habe ich erstmals begriffen, als ich meine Mutter auf ihrem letzten Weg begleitete. Ich wollte ihr noch so vieles sagen und für so vieles danken. Nun hatte ich keine Zeit mehr dafür. Dies sollte mir nie mehr passieren. Das habe ich mir geschworen. So war und ist mein Leben. Es ist nicht spannen, für andere langweilig und wird die Welt nicht entscheidend verändern. Ich lebe und genieße es aber. Diese Einstellung habe ich, wie erwähnt, noch nicht sehr lange. Diese erlangte ich erst nach und nach.

Zuvor zweifelte ich oftmals an mir selbst, wie an einem ganz bestimmten Montag im November 2007. In der Nacht konnte ich kaum schlafen. Es waren in der Nacht von Sonntag auf Montag maximal zwei Stunden gewesen. Am Montag ging es mir dann schlecht. Das lag an mir selbst. Vielleicht sollte man doch auf das Mindesthaltbarkeitsdatum von den Sachen achten, die man isst. Das habe ich am Abend zuvor nicht getan. Mein Magen erklärte mir den »Krieg«. Ab vier Uhr pendelte ich zwischen meiner Schlafcouch und der Toilette hin und her. Das geschah etwa im 20- Minutentakt. An einem solchen Tag plant man nichts und bleibt im Bett. Nachdem ich meinen Magen mit Kamillentee besänftigt hatte, machte er mir gegen 13 Uhr ein »Friedensangebot« und gab Ruhe. Ich lag den ganzen Tag auf meiner Couch. Was macht man sonst noch? Man denkt über viele Dinge nach. Gegen Abend kam die Sorge um die Frau, die ich liebe, hinzu. Sie hatte seit dem Vortag eine Woche lang bis in die Nacht Dienst. Kommt sie gut nach Hause? Wie kann ich verhindern, dass ihr etwas passiert? Diese Fragen gingen mir stündlich durch den Kopf. Sie ließen mich nicht mehr los. Irgendwann hatte ich einen Punkt erreicht, wo ich nach dem Sinn in meinem Leben suchte. Würde ich nur einem Menschen fehlen oder mich jemand vermissen, wenn es mich nicht gäbe? Warum tue ich mir all meine Ängste an und quäle mich damit? Worin liegt der Sinn?

Nun könnte bei meinen Leserinnen und Lesern ein Verdacht aufkommen: dachte ich an Selbstmord? Ich stellte mir halt all diese Fragen, stelle mich aber auch dem Leben. Wieso und für wen mache ich weiter? Dann schließe ich meine Augen, sehe dies Bild von einer bestimmten Frau vor mir und kenne die Antwort. Keine 48 Stunden nach diesem »genialen« Tag von mir, steht meine Bekannte vor meiner Tür, um mit mir zu reden. Das war die »Geburtsstunde« meiner Idee, die fast gescheitert wäre.

9. Mein »Crystal Heart«

Ihr kennt das auch. Man öffnet den Briefkasten und findet darin Rechnungen, Werbung, eventuell Post von einer Brieffreundschaft. So ist es zumindest bei mir. Anfang Dezember 2007 wartete ich aber ganz dringend auf einen ganz bestimmten Brief. Am 11.12. übergab mir eine Nachbarin gegen Abend eine Abholkarte von der Post mit Nachnahmegebühr mit den Worten: »Die habe ich angenommen. Ich dachte, ich sehe dich an dem Tag noch. Danach habe ich es einfach vergessen, dir die Karte zu geben.«. Wie war das mit den Gehässigkeiten aus meinem Umfeld gegen meine Person, seit mein erstes Buch erschien? Ich weiß nicht, wie viele »Flüche« ich da gegen den Postboten ausstieß. Warum wirft der »Depp« die Karte nicht in meinen Briefkasten, wie sich das gehört? Die Karte war mit dem 03.12. datiert. Dies hieß, dass die Lagerfrist bei der Post vielleicht schon überschritten war. Dann geht der Brief zurück an den Absender.

Am nächsten Tag ging ich in der Firma sofort zum diensthabenden Chef. Dies war an dem Tag meine direkte Vorgesetzte. Ich legte ihr nun eine Ein- Euromünze auf den Tisch und sagte zu ihr: »Um 10 Uhr hätte ich gern meine Pause. Der Euro ist für Telefonkosten. Ich benötige für meine Pause ein Taxi, das mich zur Post fährt. Da muss ich etwas abholen, was mir sehr viel bedeutet!«. Sie gab mir das Geld zurück und sagte: »Die Pause kannst du um 10 Uhr nehmen. Das geht klar. Das mit dem Taxi lassen wir aber. Solltest du bis 10.30 Uhr nicht zurück sein, melde ich dich am Telefon ab. Die Zeit, bis du dich dann wieder anmeldest, bekommst du halt nicht bezahlt.«. Das war für mich in Ordnung.

Ich konnte es kaum erwarten, dass es 10 Uhr wurde. Wisst ihr, wie langsam Zeit vergehen kann, wenn man so sehr auf einen bestimmten Moment wartet? Dann war es so weit. Ich hatte meine Pause. Ich meldete mich bei meiner Chefin ab und lief zur Post. Das sind aber dann die Tage, wo du als Fußgänger nur rote Ampeln hast. Darüber hinaus hast du vor dir nur Leute, die zu dusselig sind, geradeaus zu laufen. Irgendwer stand mir immer im Weg.

In der Post war dann an jedem Schalter eine Person vor mir an der Reihe. Weitere Leute kamen in die Post und stellten sich, wie ich, an einem Schalter an. Erstaunlich ist nur, dass es an dem Schalter, wo du stehst, garantiert nur langsam vorwärts geht. Vor mir war ein Herr an der Reihe. Er wollte Geld auf sein Postsparbuch einzahlen, Marken kaufen, ein Paket abholen und Briefe abwiegen lassen. Gott, war der langsam. Da stieg die Wut in mir hoch. Ich hätte ihm so gern in den Hintern getreten, dass er ohne Zwischenlandung bis Australien fliegt.

Dann war ich an der Reihe und hoffte, dass ich den Brief bekomme. Ich hatte Glück. Ich bezahlte und bekam den Umschlag ausgehändigt. Noch in der Post öffnete ich ihn. Sie waren da: meine Sterne! Ich hielt sie in meinen Händen und war glücklich, wie nie zuvor. An dem Tag wäre der Brief um 17 Uhr nämlich zurück an den Absender gegangen, wie mir die Postbeamtin sagte.

Um 10.20 Uhr war ich wieder in der Firma. »Na, da hast du es ja geschafft!«, sagte meine Chefin. Wenn sie wüsste, wie Recht sie damit hatte. Ich hatte die Geschenke für die beiden, mir wichtigen Personen. Ab da dürfte mir jeder angesehen haben, wie fröhlich und glücklich ich war. Nach Dienstschluss ging ich gutgelaunt heim.

Wie feiert man einen solchen Glückstag? Ich wusste, wie. Ich schaute mir meinen Videofilm, mein »Crystal Heart« an. Seit ich diesen Film 1998 auf Video erhielt, habe ich ihn gut einhundert Mal gesehen, seit November 2007 allein zwanzig Mal. Als ich diesen Film erstmals sah, faszinierte er mich sofort, da er mein Leben widerspiegelt. Da gab es jene zwei Frauen noch nicht in meinem Leben. Seit ich die Beiden aber kennen lernte, wurde der Film für mich noch bedeutender. Kennt jemand diesen Film? Nein? Ihr habt, meiner Meinung nach, etwas Besonderes verpasst! Diesen Film sollet ihr mindestens ein Mal im Leben gesehen haben.

Er zeigt die wahre Liebe, die über den Tod hinaus bestehen bleibt. Er heißt »Crystal Heart«. Seit ich meine große Liebe traf, gibt es noch mehr Parallelen zu meinem Leben. Das nennt man wohl Schicksal. Hauptdarsteller im Film sind Lee Curreri (Bruno aus »Fame«) und Tawny Kitean. In diesem Film heißen sie Christopher und Alley. Wer für mich in meinem Leben wer ist, kann wohl jeder erahnen. Worum geht es in diesem Film?

Christopher Newly ist schwer krank. Er ist von Geburt an gezwungen, durch die seltsame Krankheit, von der er befallen ist, in einem »Glashaus« zu leben, das ihn abschottet. Er nennt es sein »Kristallenes« Zimmer. Total isoliert von der Welt lebt er in seiner »kleinen Welt« und versucht sich im Schreiben und Komponieren von Popmusik (die ersten

Parallelen zu meinem Leben). Nach einer Fernsehsendung ist er völlig begeistert von der sehr hübschen Sängerin Alley Daniels. Er versucht, sie für seine Lieder zu begeistern. Alleys Manager, Jean Claude, erkennt schnell die Werbewirksamkeit dieser Verbindung und nutzt dies aus, um Alleys Karriere anzukurbeln. Er organisiert Treffen der Beiden im Beisein der Presse vor Christophers »Glashaus«. Dadurch wächst zwischen Alley und Christopher nach und nach eine ehrliche Freundschaft heran. Sie besucht ihn auch oft allein. An diesem Punkt angekommen, lässt Jean Claude, der sein Ziel erreicht hat, Alley berühmt zu machen, Christopher spüren, dass er nur finanzielle Interessen hatte. Er sagt ihm, er vergnüge sich gerade mit Alley im Bett. Außerdem würden er und sie bald für einige Monate auf Europa- Tournee gehen. Christopher fühlt sich ausgenutzt. Alley weiß nichts von diesem Anruf, freut sich aber sehr auf die bevorstehende Tournee.

Christopher hat Angst (wie ich) vor der Zeit, wo er Alley nicht sehen wird. Dies hat fatale Folgen. Christopher zertrümmert mit einem Stuhl sein »Glashaus« und bricht aus, um »seine« Alley nur ein Mal in seine Arme nehmen zu können (wie ich es mir wünsche). Er findet sie und verbringt eine wundervolle Zeit mit ihr. Dann fordert seine Krankheit ihren Preis. Er weiß, dass er sterben wird. Er liegt im Krankenhaus auf der Intensivstation. Nacheinander ruft er Alley, seine Mutter und seinen Vater zu Einzelgesprächen in sein Zimmer. Danach stirbt Christopher.

Am Tag seiner Beerdigung begleitet sein Vater Alley nach der Trauerfeier zu ihrem Auto. Er gibt ihr den Ring, den sie einst Christopher geschenkt hatte, mit den Worten: »Er sagte

*mir, du bist an der Reihe, ihn zu tragen!«. Alley nimmt
diesen Ring und fährt traurig davon.*

Die Schlussszene ist dann die wohl eindrucksvollste
des ganzen Filmes. *Alley hat Karriere gemacht. Sie steht
auf dem Höhepunkt ihrer Karriere. Sie hat sich von ihrem
Manager getrennt. Bei einem Konzert steht sie vor dem
letzten Lied mit dem Rücken zum Publikum und sagt:
»Dies Lied hat ein Freund für mich geschrieben. Ich singe
es auch für ihn. Leider kann er heute hier nicht sein!«. Sie
dreht sich um und sieht in Hunderte von Lichtern. Dann
singt sie das Lied, das er für sie geschrieben hat.*

Dies ist und bleibt mein absoluter Lieblingsfilm. Durch
ihn habe ich gelernt zu verstehen, dass nicht jede große
Liebe auch ein »Happy End« findet. Dies muss ich gerade
derzeit wieder erkennen und damit umgehen können.
Daher freue ich mich über jeden Tag, an dem ich »meine
Alley« sehen und mit ihr reden kann. Mehr kann ich
nicht erreichen. Diese Momente bedeuten mir jedoch
mehr, als sie vielleicht jemals ahnen wird. Seit ihr weiß
ich, wie sehr man einen einzigen Menschen lieben und
vermissen kann.

Nun fragt sich mancher, was hat die Frau, die mir
zuhörte, mit diesem Film zu tun? Sie besuchte mich, wie
Alley im Film Christopher, allein und ganz freiwillig.
Sie war für mich da. Das bedeutet mir sehr viel und
half mir sehr.

Damit werde ich nun dieses Kapitel beenden. Dies
geschieht mit einem Dank an eine andere Chefin aus
einer anderen Abteilung aus unserer Firma. Sie besorgte
mir die Adresse, die mich zu »meinen Sternen« führte.
Vielen Dank dafür.

10. Danke für diese Augenblicke

In jedem Leben gibt es Situationen, an die man sich immer wieder erinnern wird. Man ist froh, sie erlebt zu haben. Mir geht es gut. Anderen geht es, wie schon gesagt, schlechter als mir. Also habe ich keinen Grund, mich zu beklagen.

Darauf möchte ich in diesem Kapitel zu sprechen kommen. Da denke ich an die Zeit im Bestattungsgewerbe zurück. Da hatte ich Erlebnisse, die mir immer in Erinnerung bleiben werden. Aus diesen – obwohl sie mich traurig und nachdenklich machten – habe ich positives Denken gelernt. Einige Beispiele dafür möchte ich hier nun notieren.

Da denke ich an die drei Tage alte Tamilin, die ohne Zunge auf die Welt kam. Sie starb daran, dass sie keine Nahrung schlucken konnte. Sie starb an einer Kombination aus ersticken und verhungern. Ihre Mutter wollte, dass sie in ihrem Strampler bekleidet beerdigt wird. Da halte ich dieses kleine Wesen in den Armen und ihre Mutter zieht es an. Da wird dir anders zumute. Alle Alltagssorgen werden da nebensächlich und unbedeutend.

Es war einer meiner ersten Fälle. Da war ich gerade mal 28 Jahre alt gewesen. An dem Abend saß ich sehr lange nachdenklich zu Hause in meiner Küche. Ich hatte gesehen, wie schnell das Leben zu Ende gehen kann. Wie lange würde ich wohl leben? Da fängst du an, über Dinge nachzudenken, die du machen wolltest, aber vor dir her schiebst. Du sagst halt, dass du noch Zeit hast. Wie viel Zeit im Leben hat man aber wirklich noch?

Ganz besonders in Erinnerung bleibt mir Martina, eine junge Frau aus Castrop- Rauxel. Auch dies geschah während meiner Anfangszeit in diesem Beruf. Sie hatte Zwillinge, zwei Jungs, zur Welt gebracht. Die Ärzte sagten ihr offen und ehrlich, dass ein Baby sehr schnell sterben wird. Es war sehr krank. Da machten sie Martina keine Hoffnung. Nach drei Tagen starb eines der Babys – aber das, was die Ärzte für lebensfähig hielten. Sein Herz war nicht in der richtigen Lage. 17 Tage später verstarb dann das andere Baby. So musste Martina innerhalb von drei Wochen beide Babys beerdigen. Spätestens da hätten viele Menschen aufgegeben und wären in ein tiefes Loch gefallen. Für Martina ging das Leiden aber noch weiter. 18 Monate später wurde ihr dritter Sohn geboren. Er wurde fünf Wochen alt, verstarb am ersten Weihnachtstag. Das sind drei Erlebnisse, die die Tiefen des menschlichen Daseins erschüttern. Andere würden schon nach einem derartigen Schicksal verzweifeln und sogar mit dem Leben hadern. Bei Martina war es so, dass alle Kinder zu früh geboren wurden. Die Zwillinge kamen elf Wochen zu früh auf die Welt. Erst nach dem dritten Sterbefall stellten die Ärzte bei ihr und ihrem Mann den gleichen genetischen Defekt fest. Hätte ihn nur einer, wäre es kein Problem gewesen. Da ihn aber Beide hatten, was sehr selten (wie man sieht, aber nicht ausgeschlossen) ist, hatten die Kinder keine Chance. Dies Ergebnis kam für Martina und ihren Mann zu spät. Wie aber reagierte Martina nun darauf? Sie schloss sich der Selbsthilfegruppe »Regenbogen« in Bochum an und gründete dann eine Zweigstelle davon in Castrop- Rauxel.

Ein Jahr später initiierte sie ihre eigene Selbsthilfe-gruppe, »Sternenkinder«! 1998, als sie 30 Jahre alt war, entstand diese Organisation. Sie betreut Eltern, deren Babys während oder nach der Schwangerschaft gestorben sind. Sie hilft ihnen bei der Trauerbewältigung. In einem Zeitungsinterview sagte sie einmal: »Zuhören und mit den Eltern weinen ist wichtig. Ganz wichtig für betroffene Eltern ist es aber, sich Erinnerungsmöglich-keiten zu schaffen, wie Fotos, Fußabdrücke oder ähn-liches – und loslassen!«. Damit aber nicht genug. Ihre Organisation ist inzwischen ein eingetragener Verein. Im Sankt- Rochus- Hospital in Castrop- Rauxel gibt es eine allgemeine Kranken- und Sterbebegleitung. Die »Ster-nenkinder« sind ein Zweig davon, die dabei helfen.

Was für ein Mensch ist Martina? Für mich ist sie eine bemerkenswerte Frau mit sehr viel Kraft, Stärke und Festigkeit, wie ich sie nie hatte. Von ihr kann ich sehr viel für mein Leben lernen. Für mich ist Martina ein Mensch, zu dem ich gern aufschaue. Vor ihrer Arbeit, die sie seit Jahren leistet, ziehe ich den Hut. Solchen Menschen im Leben zu begegnen, bringt uns weiter. Sie zeigen uns, wie schwach wir sind.

Da erinnere ich mich an eine weitere Situation in die-sem Gewerbe, die ich nicht vergessen kann. Eine junge Frau verstarb. Der Beerdigungstermin war der Tag, an dem sie eigentlich die standesamtliche Trauung gehabt hätte. Die Trauerfeier begann um 11 Uhr. Genau zu der Zeit hätte die Hochzeitszeremonie vor dem Standesamt beginnen sollen. Einen Tag zuvor stand der Bräutigam in unserem Büro und sagte: »Ich möchte, dass meine Frau in ihrem Brautkleid beerdigt wird.«. Sein letzter

Wunsch war mir Befehl. Ich zog ihr das Brautkleid an. Eine Stunde vor der Trauerfeier erscheint ihr Mann am offenen Sarg und bittet mich, mit seiner Frau allein sein zu dürfen. Den Gefallen tat ich ihm gern. Zur Erklärung: sie waren nicht getraut. Für mich waren sie aber Mann und Frau.

Er ging zu ihr und legte ihr den Brautstrauß in die Hand. Dann steckte er ihr den Ring auf. Anschließend nahm er ihre Hände und steckte damit sich seinen Ring auf. Er hatte sie geheiratet. Das muss wirklich wahre Liebe sein! Es ging aber noch weiter. Wie ich erfuhr, wurde die Hochzeitsfeier durchgeführt. Er trat auch allein die Hochzeitsreise an. Er sagte dazu: »Sie hätte es so gewollt!«. Dies war 1998. Wie ich später erfuhr, hat der Mann nie wieder geheiratet. Er blieb ihr treu. Dies erfuhr ich von ehemaligen Kolleginnen. Er lebt bis heute weiterhin allein.

Solche Situationen prägen einen Menschen für das ganze Leben. Sie bleiben im Gedächtnis haften. Da werden die eigenen Sorgen klein und unbedeutend. Das wird uns in solchen Momenten erst bewusst.

Die Zeit im Bestattungsgewerbe brachte mir sehr viele traurige Momente. Es gab aber auch manch lustige Situation, was man nicht unbedingt annehmen würde. Dafür möchte ich hier nur ein Beispiel anführen, da man mit dem Tod keinen Spaß macht. Die Situation gab es aber wirklich.

Wir führten eine Bestattung durch. Die Frau, die verstarb, wäre am nächsten Tag 100 Jahre alt geworden. Nach erfolgter Beisetzung stand ihre Nachbarin, wild mit dem Regenschirm wedelnd, vor dem Grab und keifte: »Das hast du extra gemacht! Morgen wärst du 100 Jahre alt geworden. Ich wäre zu dir gekommen. Du hättest einen ausgeben müssen! Geizig warst du ja schon immer! Das war Absicht von dir!«. Wir benötigten drei Mann, um sie zu beruhigen. Sie selbst war auch schon über 80 Jahre alt.

Aber auch bei Gerichtsverhandlungen gab es »Brüller«. Ich betone hier: diese Sachverhalte gab es so wirklich wörtlich! Es ist nichts hinzuerfunden, auch alles schriftlich beweisbar (Quelle: DAS – Rechtschutzversicherung). Nun darf mal wieder herzhaft gelacht werden.

Richter: Angeklagter, geben sie zu, die Tat so, wie der Staatsanwalt sie angeklagt hat, begangen zu haben?

Angeklagter: Nein, aber die Idee ist gut …!

Richter: Warum haben sie ihre Schwiegermutter aus dem fahrenden Auto gestoßen?

Angeklagter: Es war doch absolutes Halteverbot!

Richter: Sie können Einspruch erheben. Verzichten sie darauf?

Angeklagter: Wenn sie mich so fragen, verzichte ich auf das Urteil!

Staatsanwalt: Haben sie ein Alibi?

Angeklagter: Was ist ein Alibi?

Staatsanwalt: Hat sie jemand bei der Tat gesehen?

Angeklagter: Gott sei Dank nicht …!

Richter: Sie sollten wirklich versuchen, ein anderer Mensch zu werden.

Angeklagter: Das habe ich versucht, Es brachte mir sechs Monate auf Bewährung wegen Urkundenfälschung ein!

Richter: Warum haben sie dem Geschädigten mit der Faust ins Gesicht geschlagen?

Angeklagter: Er stand gerade so günstig da! (Quelle: »Live« bei einer Verhandlung miterlebt, wie auch die nächsten zwei Fälle)

Verteidiger: Mein Mandant verweigert die Aussage.

Angeklagter: Richtig – sonst gehe ich in den »Bau«!

Verteidiger: Mein Mandant war, als er den Kläger schlug, zu betrunken und damit nicht zurechnungsfähig.

Richter: Stimmen sie dem zu?

Angeklagter: Ja. Hätte ich sonst meine Frau geheiratet?

Damit nun genug. Diese Fälle gab es wirklich.

Nun komme ich zu einer sehr guten Brieffreundin aus Alfeld an der Leine. Sie heißt Ulrike und brachte mir positives Denken bei. Sie leidet an Morbus Crohn, benötigt zur Fortbewegung zeitweise einen Rollstuhl. Sie ist aber nie wehleidig – ganz im Gegenteil! Sie ist froh und lebensmutig. Sie leitet Fanclubs von diversen Gesangsstars, mit denen sie in Kontakt steht. Ulrike hat aber auch schon viel Leid in ihrem Leben ertragen müssen. In jungen Jahren hat sie als Beifahrerin miterleben müssen, wie ihre Mutter, die den Wagen fuhr, bei einem Verkehrsunfall verstarb. Das ist ein sehr einschneidendes Erlebnis.

Ulrike lag in ihrem Leben sehr oft sehr lange in diversen Krankenhäusern. Ihr Leben hat sie in ihrem ersten Buch »Hurra, ich lebe noch!« niedergeschrieben. Es enthält sehr viele positive Gedanken. Derzeit absolviert sie ein Astrologiestudium und moderiert eine Internet-Radiosendung. Ich wünsche ihr viel Erfolg für all ihre Aktivitäten.

Positives Denken: ein Begriff, wie Menschlichkeit, den man heute kaum noch vorgelebt bekommt. Man ist eher geneigt, die negativen Dinge zu sehen. Das bringt uns nicht weiter. Da sollten wir umdenken.

Mein erster positiver Gedanke am Morgen: ich kann noch laufen und lebe noch. Das ist doch ein Grund, sich zu freuen. Es könnte auch anders sein. Es gibt Menschen, die in der Nacht verstorben sind. Andere hatten einen Unfall oder Schlaganfall und sind seither dauerhaft ans Bett gefesselt.

Dann gehe ich zur Arbeit ins Call- Center. Ich habe Arbeit. Ist das kein Grund, positiv zu denken oder sich zu freuen? Ich beziehe für meine Arbeit mein Gehalt. Dadurch habe ich eine kleine Wohnung, da ich die Miete dafür bezahlen kann. Andere Menschen müssen auf der Straße leben. In Mülltonnen suchen sie nach Pfandflaschen oder Essbarem. Ist mir eigentlich richtig bewusst, wie gut es mir geht! Ja!

An der Arbeit treffe ich Menschen, die mit mir reden und mit mir lachen. Das finde ich schön. Wie viele Menschen werden in ein Altenheim abgeschoben oder sitzen allein zu Hause? Sie erhalten keinen Besuch mehr und kennen nur noch ihre Mitbewohner und das Pflegepersonal. Geht es mir schlecht? Nein!

Gut, ich habe meine Hautkrankheiten. Na und? Frage einmal einen Blinden oder Tauben! Der würde sofort mit mir meine Krankheiten tauschen. Welchen Grund habe ich also, mich zu beklagen? Keinen! Mir fällt zumindest kein plausibler Grund ein.

Jeder Tag ist für mich ein Neuanfang, eine Chance, Dinge zu erleben und Ziele zu erreichen. Diese Chancen versuche ich zu nutzen. Jeder neue Tag kann mich Menschen treffen lassen, die für mich einmal sehr wichtig werden können – wie meine Kolleginnen, die mir halfen und meine Frau Bitter aus Castrop- Rauxel.

Besonders stolz bin ich auf eine Person, die sehr viel leistet. Es ist ein ganz lieber Mensch. Sie heißt Katrin. Im April 2008 wird sie 24 Jahre alt. Sie hat zwei Kinder (3 Jahre und 5 Jahre alt) und einen fürsorglichen Mann. Es ist eine ganz normale Familie. Eine »Kleinigkeit« sollte aber noch erwähnt werden. Katrin ist geistig behindert. »Oh Gott, die armen Kinder!«, denkt nun mancher sofort. Es ist aber kein Problem für Katrin. Die geistige Behinderung lässt sie lediglich etwas langsamer denken und kindlich naiv wirken. Sie ist in ihrem Denken und Handeln um etwa zehn Jahre gegenüber ihrem eigentlichen Alter zurück. Mit ihren nun fast 24 Jahren ist sie auf dem Niveau einer 14- jährigen. Beide Jungs von ihr werden liebevoll erzogen und behandelt und sind gesund. Das Schreiben, Rechnen und Lesen fällt Katrin schwer. Dafür verfügt sie über ein unheimlich gutes photographisches Gedächtnis. Wo sie einmal war, da findet sie auch Monate später wieder hin. Sie merkt sich auffällige Gebäude, wie zum Beispiel Kirchen, Türme, Kaufhäuser etc. und findet so den Weg. In einer Art »Flashback« ruft dies »Bild« Erinnerungen bei ihr hervor. So kann sie sich wieder an alles erinnern. Diese Denkart führt bei ihr auch dazu, dass ihr Mann und ich beim Rommee spielen oft genug gegen Katrin verlieren. Zurück aber zu ihr und ihren Kindern. Die Hebamme und das Jugendamt stellten nach ein paar Wochen die unangemeldeten Besuche ein. Sie sahen, dass Katrin mit ihrer Aufgabe klar kommt. Ihr Mann arbeitet. Wieder daheim, unterstützt er sie nach Kräften. Es geht alles optimal Hand in Hand bei ihnen.

An dieser Stelle sei mir eine Frage erlaubt. Mit welchem Recht entscheiden einige Menschen darüber (z. Bsp. Sterilisation), dass behinderte Menschen keine Kinder bekommen sollen oder dürfen? Mit welchem Recht wollen wir Einfluss auf ihr Leben nehmen? Dies gilt vor allem für Außenstehende, die mit dem Behinderten nichts zu tun haben. Sie wollen aber »gute Ratschläge« geben, als handelt es sich um ihr Kind, dass behindert ist. Da denke ich an viele »normale« Menschen, die nur groß reden und lästern, statt Hilfe anzubieten. Es gibt »normale« Eltern, die ihre Kinder misshandeln, aussetzen, verhungern lassen oder gar umbringen. Allzu oft liest man darüber in der Zeitung oder sieht es in den TV- Nachrichten. Ein Behinderter würde dies nicht tun. Zumindest fällt mir kein derartiger Fall ein – euch, liebe Leserinnen und Leser? Ganz im Gegenteil! Diese Leute leben mit der Angst, etwas falsch zu machen. Von Amtswegen her könnte man ihnen dann das Kind/ die Kinder wegnehmen. Das wollen sie verhindern. Sie lieben ihr(e) Kind(er). Da sollten wir »normalen« Menschen unser Denken und Handeln einmal überdenken. Dann müsste man sich nämlich auch die Frage stellen: »Wer ist eigentlich normal?« Normal heißt ja abgeleitet, der Norm entsprechend. Wer legt diese Norm aber fest – und mit welchem Recht?

Für mich ist Katrin ein ganz normaler Mensch, der seine Gefühle, Ängste, Sorgen und Wünsche hat, wie jeder andere Mensch auch. Diese soll sie fühlen, spüren, leben und erleben. Dies Recht hat sie. Ich werde ihr dieses nicht absprechen.

Normal und vernünftig – wer ist das schon? Haben wir nicht alle einen kleinen Fehler und auch Macken? Ich würde mich, dies überdenkend, nicht als normal bezeichnen. Dafür habe ich zu viele verrückte Ideen, die ich umsetzen und verwirklichen möchte. Dies zu erreichen, nutze ich jeden Tag. Jeder Tag zählt. An jedem Tag kann man Menschen eine kleine Freude machen. Dazu muss nicht erst Weihnachten vor der Tür stehen. Leider ist es aber oftmals so. Zu Weihnachten trifft sich die ganze Familie. Man beschenkt sich gegenseitig. Menschen laden Verwandte ein, die allein leben oder besuchen ihre Angehörigen im Alten- oder Pflegeheim. Warum ist dies aber nur zu Weihnachten so und nicht öfter im Jahr? Benötigen wir dies Fest, um uns an Menschen zu erinnern, ein wenig sentimental zu werden und Menschlichkeit zu zeigen? Wollen wir zu Weihnachten eventuell nur unser schlechtes Gewissen beruhigen? Ich finde darauf keine vernünftige Antwort. Selbst Männer, die ihre Frauen schlagen und misshandeln, schenken ihren Frauen zum Fest zum Beispiel teuren Schmuck, sprechen von Liebe und machen auf »heile Welt« in der Beziehung. Dies wird mir ewig ein Rätsel bleiben.

Wenn wir häufiger auf andere Menschen zugehen würden, diese menschlich behandeln und ihnen auch einfach einmal eine kleine Freude machen würden, dann könnten wir das ganze Jahr lang Weihnachten haben – auch ohne Baum, Kugeln, Lametta und Kerzen. Es ist möglich. Wir müssen es nur wollen. Ich bin gern bereit, meinen Beitrag dazu zu leisten. Ich hoffe, dass es viele Menschen gibt, die ähnlich denken, wie ich. Daher habe ich beschlossen, das Jahr 2008 zum Jahr der »kleinen Überraschungen« zu machen – für Menschen, die mir etwas bedeuten, da sie etwas für mich taten und mir halfen. Damit möchte ich hier nun dies Kapitel beenden.

Ein paar abschließende Worte

Dies war nun mein zweites Buch, das ich schrieb und veröffentlichte. Ich danke allen Leserinnen und Lesern für die Zeit, die sie sich nahmen, es zu lesen. Ich freue mich wieder über jegliche Reaktionen, die ich erhalte – positiv wie negativ.

Ich habe mir in diesem Buch Zeit zum Reden genommen. Daher auch der gleichnamige Titel. Ich sprach über vieles: über mich, mein Leben, meine Ängste, Sorgen und Gefühle. Ich schrieb über Menschen, denen ich begegnen durfte und Dinge, die ich in meinem Leben erlebt habe. Ich hoffe, ich konnte dies Buch interessant gestalten. Vielleicht erkennt sich mancher in meinen Worten wieder, da er ähnliche Erfahrungen in seinem Leben gemacht hat.

Hier schließt sich nun auch, wie in meinem Vorwort gesagt, der Kreis meines Lebens, der hier hoffentlich noch nicht enden wird. Ich möchte noch so viel erreichen, Menschen treffen, anderen Leuten helfen, kleine Überraschungen für Freunde und Bekannte planen und noch viel erleben. Vielleicht erfüllt sich auch noch manch kleiner oder großer Traum.

Mancher bezeichnet mich als »Träumer«. Dafür danke ich. Ich bin sogar ein wenig stolz darauf, denn solange ich noch Träume habe, gebe ich nicht auf, daran zu glauben, dass diese Welt besser werden kann. Da bin ich wie ein kleines Kind, dem niemand seine Träume, Illusionen und Phantasien nehmen kann. So kann ich mich auch über kleine Dinge noch freuen, wie ein kleines Kind.

Dies möchte ich mir erhalten – also nie ganz erwachsen werden. Dazu stehe ich. Ich bin wie ich bin. Mit kleinen Überraschungen »verkaufe« ich auch kleine Träume, die vielleicht ein wenig Freude machen. Das würde mich sehr freuen.

Wie auch im Vorwort erwähnt, muss hier noch etwas gesagt werden, um den Kreis endgültig zu schließen. Da möchte ich das Wort noch einmal ganz besonders an jene zwei Frauen richten, die mein Leben veränderten. Mit diesen Worten an sie möchte ich dies Buch dann auch beenden.

Ein jedes Leben hat einen Anfang und ein Ende. Es dauert, wie im Buch beschrieben, manchmal nur drei Tage, manchmal fast 100 Jahre lang an. Kein Mensch weiß, wenn er geboren wird, wie lange er auf dieser Welt verweilen darf. Auch ein Stern erlischt einmal, aber erst nach vielen Tausend Jahren. So lange soll auch euch niemand vergessen. Egal wohin uns Drei unser Weg einmal führen wird: Ihr seid bei mir – in meinem Herzen, meinen Gedanken und am Himmel über mir – hell und überall sichtbar. Ich denke immer an euch und werde euch nie vergessen. Das verspreche ich euch.

Die Titanic galt als unsinkbar. Sie sank dennoch. Eure »Glückssterne« sollen niemals sinken. Dazu sollen »meine« Sterne für euch ihren symbolischen Beitrag leisten, verbunden mit diesen Worten von mir an euch:

Liebe …, liebe …,
   (hat echt jemand geglaubt, dass ich Namen nenne?)
   ich möchte etwas aufgreifen, was mir eine von euch Beiden einmal schrieb. Es gilt für Euch beide. Ich wünsche mir

eine ehrliche, offene und aufrichtige Freundschaft zu jeder
von euch. Dies ist mein Ziel: Vertrauen aufzubauen, um
dann über alles reden zu können. Das ist es, was ich mir
wirklich wünsche.

Abschließend möchte ich jeder von euch noch etwas
Persönliches sagen.

An »meine kleine Seelsorgerin«:
Ich danke Dir für unsere Gespräche. Ich wünsche Dir
alles Gute für Deine Beziehung, die sehr lange halten
soll. Deine Hilfe vergesse ich nicht. Du warst für mich
da. Du hast Dir die Zeit genommen, mir zuzuhören. Ich
hoffe, dass wir uns noch oft sehen und miteinander reden
werden. Vielleicht schaffen wir es, das freundschaftliche
Verhältnis zueinander auszubauen. Ich würde mich sehr
freuen. Du bist eine Persönlichkeit, die mir aus freiem
Willen oftmals zuhörte. Niemand hat Dich dazu über-
redet. Du bist ein Mensch, für den Menschlichkeit kein
Fremdwort ist. Ich hoffe (und weiß), dass Dein Mann
Dich so behandelt, wie Du es verdient hast: als Frau, die
man einfach gern haben muss – vor allem, wenn man sie
liebt – wie er Dich liebt. Dies soll auch immer so bleiben.
Dich aufzugeben, wäre der größte Fehler, den er im Le-
ben begehen könnte. Dies weiß er aber selbst. Eine Frau
wie Dich findet er so schnell nicht wieder. Was einem ein
Mensch wirklich bedeutet, weiß man leider erst dann,
wenn man ihn verloren hat. Ihr sollt Euch nie verlieren,
damit Euch das Gefühl des Alleinseins erspart bleibt. Ich
wünsche Euch alles Gute.

An »meine große Liebe«:

Du weißt, dass ich Dich liebe und immer lieben werde, seit ich Dich erstmals sah. Ich wünsche Dir von Herzen, dass sich Dein Leben so gestaltet, wie Du es dir erhoffst. Bleibe gesund und lebensfroh. Pass bitte immer gut auf Dich auf. Verlerne nie zu lachen – dies Lachen, dass mich fasziniert. Ich hoffe, dass wir eine Freundschaft aufbauen können, die sehr lange bestehen bleibt. Dafür muss ich noch offener werden. Das weiß ich. Ich möchte meinen Beitrag dazu leisten. Ich bin dazu bereit. Ich möchte mit Dir beweisen, dass eine Frau und ein Mann »nur« Freunde sein können. Was heißt da aber eigentlich »nur«? Eine ehrliche Freundschaft ist oft mehr wert, als eine Partnerschaft, in der man erkennt, dass du mit der Situation unzufrieden und unglücklich bist. Wichtig ist mir, zu erreichen, dass Du mir vertraust.

Ich freue mich darauf, Dich wiederzusehen und mit Dir zu reden. Danke, dass es Dich gibt. Ich liebe Dich.

Damit möchte ich mein zweites Buch hier nun auch beenden. Jedes weitere Wort wäre an dieser Stelle zu viel. Ich hoffe, dass ich ein wenig darlegen konnte, wie sehr ich diese Frau von Herzen liebe.

Ich wünsche allen Leserinnen und Lesern Glück, Erfolg und Gesundheit im weiteren Leben. Mögen sich all ihre Träume und Wünsche erfüllen. Ein Leben ist zu kurz, um es nicht zu genießen. Man sollte jeden Tag bewusst erleben, denn Leben ist nur »Urlaub von der Ewigkeit«! Die wartet irgendwann einmal auf jeden von uns. Dann fällt für uns auf unserer »Lebensbühne« endgültig der letzte »Vorhang«.

An diesem Tag angekommen, wo ich weiß, dass ich sterben werde, da werde ich mein ganz persönliches »Crystal Heart« mit meiner letzten Überraschungsaktion beenden. Diese habe ich nicht nur geplant. Sie ist bereits übergabefertig und abgeschlossen. Es ist eine Aktion, die für eine mir bekannte Person ist, aber eigentlich auch für mich. Diese Aktion kann ich aber nur an diesem, mir noch unbekannten Tag durchführen. Nur so hat sie den »Crystal Heart«- Sinn, den ich erreichen möchte. Dies ist aber eine andere Geschichte. Die wird hier noch nicht erzählt.

Alles Gute, Ihr

Harald Bischof